名师名校名校长

凝聚名师共识
回应名师关怀
打造名师品牌
培育名师群体

　　　　　　　张志勇题

融合传统 启智健体

——民间体育游戏助力培智教育

丘玉华 刘芬 肖晓利 / 著

吉林教育出版社

·长春·

图书在版编目（CIP）数据

融合传统　启智健体：民间体育游戏助力培智教育 /
丘玉华，刘芬，肖晓利著. — 长春：吉林教育出版社，
2022.10

ISBN 978-7-5734-1416-8

Ⅰ.①融⋯ Ⅱ.①丘⋯ ②刘⋯ ③肖⋯ Ⅲ.①体育游
戏—作用—弱智儿童—儿童教育—特殊教育—教学研究
Ⅳ.①G764

中国版本图书馆CIP数据核字（2022）第195555号

融合传统　启智健体——民间体育游戏助力培智教育 丘玉华　刘　芬　肖晓利　**著**

责任编辑　颜世博　　　　　　　　　　　　　　　　**装帧设计**　王洪义

出版　吉林教育出版社（长春市同志街1991号　　　邮编　130021）
发行　吉林教育出版社
印刷　北京政采印刷服务有限公司

开本　787毫米×1092毫米　1/16　**印张**　15.25　　**字数**　275千字
版次　2022年10月第1版　　**印次**　2022年10月第1次印刷
书号　ISBN 978-7-5734-1416-8
定价　58.00元

前言

　　培智学校为了让更多特殊孩子受到良好的教育，提升特殊孩子的自我管理与社会适应能力，研究更有效的特殊教育方法与路径，开发优质特殊教育课程就成为现实的需要。在迅速发展的当今社会，身体或智力存在不足与缺陷的特殊孩子也是社会的一员，他们背后亦关联着无数家庭的幸福。培智学校通过特殊教育课程的开发与建设，可为这一特殊群体提供更优质的教育服务，如此既可让特殊孩子更好地适应社会，同时亦能让更多家庭变得幸福，提升他们的生活品质。

　　在特殊教育中，民间体育游戏对孩子的身心健康发展有独特的价值，了解其作用机制，并探索特殊教育中民间体育游戏的实践应用课程建设路径与方法，可促进特殊教育品质的发展，此亦为本书的写作初衷与背景。

　　本书依托广东省特殊教育精品课程建设项目——民间体育游戏，由丘玉华策划，丘玉华、刘芬、肖晓利共同撰写，最后由丘玉华统稿。洪金祥、刘宇婷、邓媚、张晓、张梅琼、赵敏婧、李小辉等老师对书稿的框架和内容提出了许多宝贵的建议。

　　本书共七章，其大致内容如下：

　　第一章民间体育游戏概述，对民间体育游戏的起源、概念、特点以及教育价值等方面做了探讨，属于理论基础研究。

　　第二章民间体育游戏走进培智学校，基于培智教育特殊性对《培智学校义务教育运动与保健课程标准（2016年版）》进行解读，并探讨了民间体育游戏对特殊孩子的教育功能与价值，认为民间体育游戏走进培智学校是必然的，也是有价值的。

第三章培智学校民间体育游戏课程目标的设计，目标设计原则应遵守安全性、科学性、快乐性、教育性与参与性，在课程具体目标上着重于特殊孩子身心健康、体育运动技能，以及社会适应能力培养。

第四章培智学校民间体育游戏课程内容的确定，主要探讨了培智学校对民间体育游戏的收集、筛选与创编，强调将其纳入校本特色课程体系。

第五章培智学校民间体育游戏课程的实施，对民间体育游戏课程的教育实施原则、组织形式，以及需要注意的事项进行了分析。

第六章培智学校民间体育游戏课程教学发展趋势，笔者认为要重视激活特殊孩子对民间体育游戏的兴趣，同时要充分利用好多媒体技术，且促进民间游戏与体育教学的融合发展。

第七章培智学校民间体育游戏课程教学案例，介绍了常见的民间体育游戏，以及民间体育游戏的设计与创编案例等。

本书在撰写过程中还得到了广东省教育科学"十三五"规划课题"民间体育游戏元素在培智体育活动中的研究"全体组员、平远县特殊教育学校全体一线教师及精品课程建设项目合作学校梅江区特殊教育学校部分教师的大力支持和积极参与，他们为本书提供了大量的民间体育游戏课例素材和活动实施建议。具体名单如下：

陈俊、洪金祥、刘宇婷、邓媚、张晓、张梅琼、赵敏婧、李小辉、邹峰、黎辛舒、陈敏、马栢胜、丘宏堂、谢华昌、贺莹、蓝思思、龙尚华、郭娜、李霞、姜赛、钟晓琳、姚志雄、陈利梅、罗斌、谢雨峰。

另，在本书撰写过程中，我们参考了大量的中外文献。

在此，一并表示感谢！

由于笔者经验尚且不足、时间较紧，疏漏之处在所难免，敬请各位学者、读者斧正，以求新的提升。

丘玉华

2022年8月

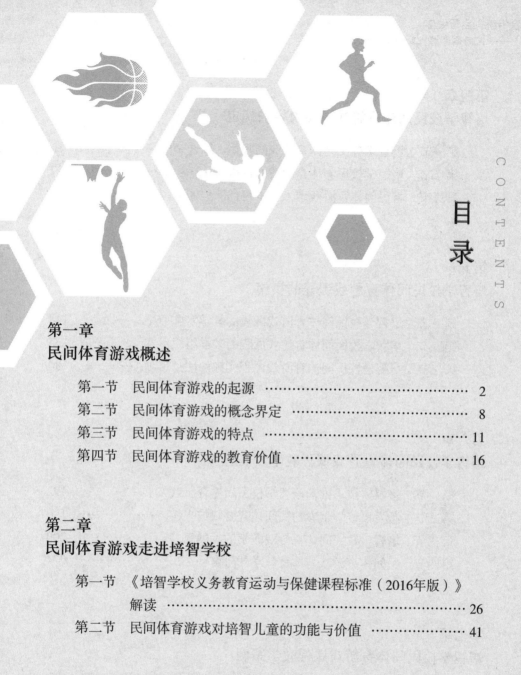

目录

第一章
民间体育游戏概述

第二章
民间体育游戏走进培智学校

第三章
培智学校民间体育游戏课程目标的设计

第一章

民间体育游戏概述

民间体育游戏是指由民众在日常休息生活中创造，并且主要在民间传承与丰富发展的体育游戏模式。民间体育游戏有着自由、开放、随意的特点，且具有体育形式特质，受到普通民众的喜爱，同时对民众的身心健康发展有正面作用。民间体育游戏属于民间文化的一种，也是常见的体育运动形式之一。

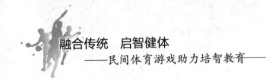
第一节　民间体育游戏的起源

一、劳动起源说

西方文化人类学家冯特指出："游戏是劳动的产儿。没有一种形式的游戏不是以某种严肃的工作做原型的。不用说，这个工作在时间上是先于游戏的。因为生活的需要迫使人去劳动，而人在劳动中逐渐把自己力量的实际使用看作一种快乐。"显然，冯特注意到了游戏与劳动生产之间的内在关系。人类为了生存，必须进行生产劳动，这种生产劳动的初衷是为了人类的延续。然而，随着生产力的发展、劳动效率的提高，劳动力有了剩余。此时，人类不需要把所有精力都投入到劳动当中，除可以拥有较多的时间休息之外，甚至可以进行一定的"娱乐"活动。于是，他们将原有的生产劳动形式转化为娱乐游戏活动，最初的游戏便诞生了。

这种游戏起源论与德国诗人及哲学家席勒关于游戏起源于人类剩余精力的假说相似。他认为，生物的精力除了维持正常的生活之外，如果还有剩余或过剩的精力就必须通过一定的途径消耗它，而游戏就是消耗剩余精力的形式之一；剩余精力越多，游戏的种类和游戏的时间也就越多。

民间体育游戏起源于生产活动具有合理性，从目前民间流行的体育游戏来看，有些民间体育游戏确实与生产劳动之间存在联系。例如，"竹马"游戏与游牧民族生产生活中骑马狩猎、骑马迁徙的生活场景之间存在联系，"荡秋千"游戏与山地民族采集野果、躲避野兽袭击等生活存在联系。我国湖南、广西等地的瑶族有一种"独木滑水"的竞技活动。比赛时，参加者每人脚下踩一根长约两三丈长的原木，手持一根竹竿，顺着湍急的流水滑行。比赛结果以不搁浅、不触礁、人不落水，最先到达终点者为胜。这一游戏记录了远古先民渔猎生活时的情景。再如，赛牦牛、赛骆驼、斗牛、斗羊、斗鸡等民间体育游戏与家畜家禽的驯化和畜牧业的产生与发展有某种渊源。又如，流行于我国江南地区的"摇快船"与蚕桑农事活动有联系。养蚕时，河道里行船，历来有让运桑叶船先通过的习俗。一旦缺少桑叶，人们往往出行数十里买桑叶赶着往回运，这就要求摇船的速度越快越好。后来，这种行船劳动逐渐演变成名为"摇快船"的娱乐活动。《嘉兴府志》记载："清明……有摇快船之戏。"每年农历三月之初，在嘉兴河塘上，人们兴高采烈地进行划船比赛。赛船上分别插上红、黄、蓝、白、黑五色旗，划船手们身穿色彩鲜艳的服装，协同摇橹划桨，使船身迅速前行，这在一定程度上保留了当时摇船运送桑叶时的景象。

游戏起源于生产活动假说为我们提供了解读游戏的视角。在原始社会，由于生产力低下，人们从事集体劳动、平均分配劳动产品的制度是维系部落、族群的基本准则。从生产集体化的角度讲，生产活动之余的游戏便具有群体性的特色，虽然民间体育游戏中也有个人游戏，但所占比重很少。

民间体育游戏是群体性的行为，其活动倾向于形成自己特有的社会团体和参与人群。尤其在熟人社会里，熟悉规则、具有共同传统知识基础的人在一起"游戏"，才能实现民间体育游戏娱乐、协作、竞争的功能。从这个角度上说，民间体育游戏是小范围内的生活艺术和交流艺术。当然，

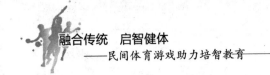

民众的生产劳动因为民众年龄、性别、职业的差异有所不同，相应地，民间体育游戏也出现了差异。些不同的人群玩着某些游戏，反过来，这些游戏又起到凝聚某类人群的力量的作用。

二、经验模仿说

民间体育游戏可能来自早期人类对巫术以及祭祀行为的经验模仿。

人类精神文化的最早状态可能与原始宗教之间存在各种形式的联系，如歌、舞的起源与原始宗教的祭祀仪式的关系。有学者提出冀州民间的"蚩尤戏"，这种角力竞技类的游戏，起源于牛图腾崇拜以及我国传统"踢毽子"游戏起源于古代傩舞的观点。

游戏起源于宗教活动的观点与美国心理学家霍尔与吉利克提出的"游戏源于儿童复演祖先活动"的观点相似："在儿童期，人类的历史得到了复演，即儿童游戏反映了从史前的人类祖先到现代人的进化过程，游戏活动是祖先最早活动的再现，是复演祖先的动作和活动。"以"爆竹"为例，爆竹在最初被发明时，是为了驱疫逐祟。《荆楚岁时记》中记载："正月一日……先于庭前爆竹，以辟山臊恶鬼。"这里记录的用燃放爆竹的办法"辟山臊恶鬼"算得上燃放爆竹的原始意义。不知从何时起，喜庆之日模仿"庭前爆竹"的习俗，也放起爆竹来，从而在"爆竹"驱疫逐祟的功能之上添加了庆贺的意思。一般认为，宋代出现的烟花是在爆竹的基础上发展而成的节令性玩具。现在中国民间流行的"甩炮""摔炮"等游戏，也成为受儿童喜欢的新娱乐游戏。宋代以后盛行的泥娃娃"磨喝乐"，就是由佛教造像转化的民间玩具，"木棒娃"是由道教耳报神演变而来。此外，由祭月活动派生出来的兔儿爷也是源自宗教的民间玩具。维吾尔族人民历史上信仰的宗教也深刻地影响了民间体育游戏，"皮热""萨玛""火焰"等宗教信仰习俗仪式，在漫长的历史过程中逐渐转换为民间体育游戏竞技活动并流传至今。从这个角度来看，宗教祭祀活动中的道具、活动过程均成为民间体育游戏的重要来源。

民间体育游戏源于宗教祭祀，不仅体现在古老宗教的复演上，也包含在各宗教的祭祀、传经布道活动中。这些源于宗教祭祀的民间体育游戏在某种程度上依然保留了宗教的特性，但是更多地将宗教中的娱乐成分、宗教中的人与人彼此交往关系的活动进行了发展、丰富和世俗性地生活化，从而体现出以宗教起源为中心的游戏的活态传承的特点。也就是说，民间体育游戏在发展过程中，通过不断变化、不断革新和不断创造，将宗教的传统祭祀及其宗教器具演化成民间体育游戏活动及其道具，使传统民间体育游戏既具有传统文化底蕴，又具有时代特色，从而确保了民间体育游戏的生命活力经久不衰。

巫术是民众生活中古老的信仰行为，巫术中的占卜、唱颂、歌舞、祈求、祭祀等活动中的许多内容成为民间体育游戏的源头，有些民间体育游戏至今仍然保留了巫术因素。

例如，山东民间斗百草中的"劈豆腐块"就是远古时草卜巫术的遗风。"劈豆腐块"方法：取三棱草长茎一根，两人各持一端破为两半，同时向中心点劈开。至中心点，交换其中的一股再向两边拉开。最后以劈为正方形如豆腐块者为胜。再如，"如抓子儿"（抓石头子儿）的游戏源于古代的"抓子儿"（抓儿子）仪式。据记载，新年之后的正月，对于妇女来讲是"求子月"，她们玩一种用橡木银砾做的小圆丸，向上抛掷再以手承接，即"抓子儿"。

巫术与民间体育游戏的关系是紧密的，许多民间体育游戏来源于巫术，而且巫术还为民间体育游戏提供了赖以传承发展的文化环境。从巫术到民间体育游戏，凸显了巫术的娱乐成分、教育成分，淡化了巫术的神秘色彩，那些不适应时代的文化被剔去了，由此而演化成民众喜闻乐见的游戏活动。

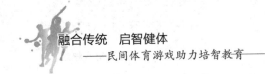

三、社会习俗起源说

游戏起源于社会习俗的观点被许多游戏研究学人接受。何谓习俗？习俗就是在民众中普遍流行，且代代相传的具有一定模式性的社会行为。这些诞生在特定时间和特定空间中的民间体育游戏就是当地民众的生活习俗，也就是说，许多民间体育游戏源于民众的生活习俗。

"昔葛天氏之乐，三人操牛尾，投足以歌八阕。"这是我国较早以民俗歌舞形式出现在民众生活中的娱乐活动，这里记录的"葛天氏之乐"与马家窑型彩陶图案中有带短尾的人形娱乐游戏一脉相承，它证明了当时人们的娱乐性舞蹈与社会习俗之间的关系。

原始时代，我国先民就在与自然打交道的过程中创造和发明了历法知识，并且懂得利用历法知识为人们的生活服务。这些历法知识的日积月累，使先民对时间的把握超越了"太阳东升西落"的简单感知，慢慢进入较为严谨的岁时记录时代。岁时的观察和记录最早是出于对农事活动安排的需要。农作物的生长有鲜明的季节性，农业生产的规律呈现出鲜明的时间性、季节性特点，不同的时间从事不同的生产劳动，收获不同的季节性劳动成果。为了适时、合理地安排农业生产劳动，人们从一年的时间中规定出一些特定的日期，以此作为划分时间变化规律的界限，这些特定的日期逐渐发展成为节日时间。与农耕生产有关的节日带有浓厚的生产性意义。随着社会生产力的发展和人类心智水平的提高，在以合理安排农事为初衷的节日里，出现了一些娱乐性的活动以表示纪念和庆祝，如在我国青海南部地区，当地从事农业的藏族民众会在藏历正月十五（或正月十五前后），自制形态各异的风筝，呼朋引伴相约到麦场或空旷地放风筝。据介绍，放风筝不仅是新年期间的游艺活动，也是民众观察气象、观测大地是否回暖、预测春耕时日的重要风向标。

民间体育游戏来源于社会习俗的观点与西方学者拉扎勒斯关于游戏产生人类松弛精神、舒缓疲劳的需要的观点相似。拉扎勒斯认为：艰苦的体力和脑力劳动使人身心俱疲，这种疲劳需要一定的休息和睡眠才能消除，然而只有当人解除紧张状态时，才可能得到充分的休息，游戏和娱乐活动具有解除肌体紧张的作用。在人类肌体需要休息的情况下，游戏便产生了。拉扎勒斯注意到了游戏具有缓释疲劳和紧张的功能，这与节日中的游戏解除日常劳动中的疲劳和精神上的负担是相同的。

民间体育游戏来源于社会习俗，意味着民间体育游戏具有应时性、应境性特点。同时，民间体育游戏属于群体性游戏，具有松弛紧张精神和缓解疲劳的功能。具体到某一类游戏，参与人群和社会团体等有"约定俗成"的规定，玩耍游戏的时间也有一定的规定，如跳绳、踢毽子等游戏比较适合在寒冷的冬季。有些游戏必须依靠一定的自然条件才能进行，如放风筝没有风力不行，但风力太大也不行，因此，放风筝一般选择在微风轻拂的春秋之季。此外，如耍花灯、猜灯谜、赛龙舟等活动也只能在相应的节日时间里才能够进行。

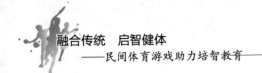

第二节 民间体育游戏的概念界定

一、民间体育游戏的概念

民间体育游戏是指流传于广大民众生活中的嬉戏娱乐活动。本书主要介绍儿童民间体育游戏，即儿童在日常生活中的嬉戏娱乐活动，它既包括传承性儿童民间体育游戏（民俗学），也包括即时性儿童民间体育游戏（教育人类学），还包括传承性—即时性儿童民间体育游戏，以后两者为主，并且共同构成了一个连续体，彼此之间可以相互转化。

具体地说，许多传承性儿童体育民间体育游戏开始时往往是民众在日常生活中即时发生的，属于即时性儿童民间体育游戏，后来它们被不断传播、被越来越多的人所接受与创造，成为一种集体智慧的结晶，逐渐获得了一种相对稳定性，继而世代传承，成为传承性儿童民间体育游戏。同样，传承性儿童民间体育游戏在横向传播或纵向传承过程中，也不是一成不变的，而是经常出现不同程度的变异，如跳房子游戏在不同时代、地区具有许多共性的同时，又往往表现出许多差异，即获得了一种相对易变性，具有了不同程度的即时性儿童民间体育游戏的特质。总之，传承性、即时性这两种特性在儿童民间体育游戏中不是有与无的关系，而是多与少的关系，是相互依存和具有内在联系的。

通常情况下，儿童民间体育游戏特指那些在少年儿童生活中广泛流行，已经成为代代传承的文化的传统游戏。儿童开展民间体育游戏是对民间体育娱乐文化的认识、利用、开发和继承的学习过程。少年儿童会在体育活动中表现出人与人的互动、人与环境的互动和人与文化互动的学习过程。

二、民间体育游戏的划分

根据不同维度或标准，民间体育游戏可做多种不同划分，还是以儿童民间体育游戏为例：从游戏空间的角度，可以将儿童民间体育游戏划分为不同地域的儿童民间体育游戏，如浙江儿童民间体育游戏、山东儿童民间体育游戏等；从游戏发源地的角度，又可以将儿童民间体育游戏划分为本地儿童民间体育游戏和从外地流入并得到流传的外来儿童民间体育游戏。

三、民间体育游戏的特色

（1）民间体育游戏内容主要模仿飞鸟、走兽、游鱼、刮风和下雨等自然事物以及狩猎、畜牧、耕种、建筑、祭祀、骑马和打仗等社会现象，可谓取法自然、悦情健体。

（2）民间体育游戏时间强调不同时节进行不同游戏，以促进健康和发育，如明朝地方志《帝京景物略》中一童谣所唱："杨柳儿活，抽陀螺。杨柳儿青，放空钟。杨柳儿死，踢毽子。杨柳发芽儿，打柭儿。"

（3）在民间体育游戏中，游戏伙伴关系更多表现为非对抗关系，追求"蛮劲而不粗俗，情溢而含蓄内向"，以多人集体游戏为主，更多体现少年儿童之间沟通、协调、配合或对比，区别于现代器械游戏体现少年儿童与器材之间的相互关系。

（4）民间体育游戏融竞技、娱乐和戏曲为一体，既包含知识与技能，也包含态度和品性，以戏曲为特色的元素多样性是其重要特征。儿童民间体育游戏内容及形式丰富多样，其功能同样表现为多样性。不同游戏分别发展少年儿童跑、跳、投等基本运动能力以及力量、速度、耐力、协调、反应、灵敏、柔韧等身体素质。例如，丢手绢、警察抓小偷等发展少年儿童奔跑能力，跳皮筋、跳绳等发展少年儿童跳跃能力，掷沙包发展少年儿童投掷能力。少年儿童身体素质培养是其成长过程中提高运动能力和发育的保障。其中，骑马发展少年儿童下肢动态力量及耐力，"滚轮胎""手推车""抬花轿"发展少年儿童上肢力量，"拉大锯"发展少年儿童腰腹肌力量和柔韧性素质，"警察抓小偷"和"丢手绢"发展少年儿童速度素质，跳绳发展少年儿童心肺耐力素质，"拍手背"发展少年儿童反应素质，"大鱼网""石头剪刀布""跳竹竿"发展少年儿童灵敏素质，"炒黄豆""骑马""荡秋千""两人三足""滚铁环"发展少年儿童协调性素质。在不断探索实践过程中发展出如"走平衡"（"走花坛边缘""走长城"）等传统游戏的衍生形式以发展少年儿童的平衡能力。

民间体育游戏大多配有戏曲形式的唱词，少年儿童在游戏过程中既发展了身体素质，又激发和培养了音乐艺术兴趣。其群组性加强了少年儿童间的沟通，提高了少年儿童的协调与合作能力，减少或避免了器械游戏所导致的个别少年儿童缺乏与人沟通的兴趣与能力，进而出现孤僻和自闭的风险。

第三节　民间体育游戏的特点

一、娱乐性

民间体育游戏具有很好的休闲性和娱乐性，在教学活动中融入民间体育游戏不仅能让孩子们的身体得到锻炼，还能让孩子们在游戏中收获巨大的快乐，放飞思维，最终达到休闲娱乐和学习成长、共同进步的目的。比如，在孩子们的活动教学中加入"荷花荷花几月开"或者"抬花轿"等传统游戏，能够让孩子们全身心地投入到活动中，激发其运动积极性，在轻松愉快的教学氛围中，让孩子们的心情放松了下来，实现孩子们更好地成长。

趣味性是游戏的生命，有些游戏能够代代流传就是因为它有浓厚的趣味性，符合孩子们好奇、好动的特点，能够让他们在玩中乐、在乐中学，玩中有得、玩中有创，更好地促进孩子们的全面发展。儿童民间体育游戏过程充满趣味性，开展起来方便易行，材料简易，随处可得，对少年儿童充满了魅力。因此，我们要注意保留每一个儿童民间体育游戏的传统玩法与发展价值，利用其自娱自乐、自由自在的特点吸引少年儿童主动参与活动，让儿童在游戏中充分发挥主体性，体验自由、成功、快乐的情感。

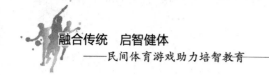

　　儿童民间体育游戏并不是枯燥的体育锻炼，而是将人类动作发展中的少年儿童动作发展规律融入有趣的游戏，使少年儿童在游戏中锻炼各种基本动作技能。同时，教师设置的形象生动、富有趣味性的游戏情境能激发少年儿童对体育活动的兴趣，有助于促进少年儿童正常发育和身体机能协调发展。

二、民族性

　　民间体育游戏具有悠久的历史，是传统文化的传承。由于民间体育游戏所表现的内容往往是人们日常的生活，并且游戏中所配有的儿歌一般都是当地的语言，这些都使得民间体育游戏具有相当明显的民族性。在民间体育各地流传着许多具有浓厚生活气息、风格各异的游戏，这就是所谓的民间体育游戏，它在许多人的脑海中留下了属于童年的美好回忆……在那遥远的童年时代，印象最深刻的就是一有时间便和邻居小伙伴在空气新鲜、阳光充足的空地上、院子里玩踢毽子、跳房子、捡棋子的游戏。

三、生活性

　　民间体育游戏来源于生活，兴趣盎然、民间传统式的体育游戏来自民间，来自生活，因而游戏本身具备浓厚的生活气场。大家会将日常生活中劳作的情景、尊老爱幼等优良品德融入游戏，让游戏更接近少年儿童的生活，帮助他们在轻轻松松、富有趣味的游戏过程中扩展生活经验，获得专业知识，提高生活自控能力。例如，在少年儿童最常玩的"过家家"游戏中，他们联系日常生活，商议人物角色分工，如父亲驾车、母亲烧菜煮饭、小宝宝看书和玩玩具等，进行游戏模仿，既锻炼了少年儿童的表达能力，也增强了他们的责任感的情感。

　　民间体育游戏中的玩具大部分为自制品，制作材料多为废旧物品，如沙包是用碎布片做的，高跷是用奶罐做的，编织材料为玉米皮、芦苇等，这些材料来源于大自然，既不用花高价购买，又无毒副作用，可以说节能又环保。

很多游戏都是真实社会的缩影，通过虚拟情境，重演别人的活动，能够帮助少年儿童认识世界、了解世界。在游戏活动中，每个孩子所扮演的角色不同，所担负的责任也有所差异，因此，他们需要正确处理个体与群体的关系，在游戏过程中培养团队合作能力和社会交往能力。

四、灵活性

民间体育游戏的灵活性主要体现在其广泛存在于民间和乡土中，历代存档内容很少，过去多以口传、示教为主要传播方式；玩法简单易学，玩具取材方便；不受时间、场地、人数、年龄的限制，广为流传的、深受各年龄段孩子喜爱；游戏注重过程而非强调结果；具有浓厚的生活气息、区域文化气息，风格各异；具有很强的趣味性和随意性，内容具体生动，形式生动活泼，让人轻松愉快。其明显的自发性、主动性、传统性、广泛性、集体性、户外性、运动性、环保性、动手性，是现代电脑游戏所代替不了的。

五、地域性

民间体育游戏遍布各地，各有特色。其作为地区民间文化艺术的关键构成部分，具备非常明显的地域性特点：一是不同的地区会因其特有的自然环境而产生一些独有的民间体育游戏；二是相同的民间体育游戏也会因不同的区域自然环境和人文环境而形成不同的游戏内容。

民间体育游戏作为传统文化的载体之一，富有浓郁的生活气息和本土特色。在教学中选择有教育价值的民间体育游戏，对于少年儿童的品格培养、能力发展等有着重要的推动作用。例如，在"老鹰抓小鸡"的游戏中，扮演"小鸡"的少年儿童能体会到妈妈的辛苦，扮演"母鸡"的少年儿童能意识到要爱护自己的孩子。由此，教师通过游戏可以让少年儿童感受中华民族的优良传统——尊老爱幼。再如，传统的民间体育游戏"丢手绢""荷花荷花几月开"，能让少年儿童在追逐奔跑中感受与同伴玩耍的乐趣。

六、运动性

民间体育游戏在民间生活实践中产生，流传于民间，是一种以快乐玩艺、消遣休闲、调剂身心为主要目的，而又有一定模式的民俗活动。它是人类在具备起码的物质生存条件的基础上，为满足精神需求而进行的文化创造。从简单易行、随意性较强的游戏，到内容精巧、有严格规则的竞技；从因时因地、自由灵便的戏耍，到配合各种特殊需要的综合表演，这些都属于民间体育游戏的范围。

七、创造性

儿童民间体育游戏是民间儿童自己创编的活动，儿童在开展民间体育游戏的过程中始终处于积极主动的地位，从游戏的选择、角色的分配、玩具材料的准备到游戏情节的发展，都由儿童自己来完成。民间体育游戏往往不受人数、年龄、场地和时间的限制，不论何时何地，他们都可以利用点滴的时间自由地玩耍，而且在玩耍过程中还可以自由地创造。儿童民间体育游戏有的是徒手进行的，即只用他们的手、脚或身体的某个部位，规定某个动作就可以玩；有的即使有玩具也十分简单、廉价，玩具一般都来自日常生活中的一些废旧材料及半成品；有的没有玩具，只用小石子、小木板等随处可得的东西做替代品，可以使游戏开展起来。

许多教师在游戏教学中，让孩子们机械地模仿，对孩子们的需要和感受置之不理，让孩子们单纯地成为游戏的参与者，只是被动地接受不能主动地去理解使得游戏的趣味性、娱乐性大打折扣，也就无法激发孩子的创造力。因此，教师应注重少年儿童体育运动教学过程中的方法运用，使少年儿童实现由被动者向主动者的转变，充分调动少年儿童的主观能动性。教师应通过归纳和激励，增加民间体育游戏的娱乐性，培养少年儿童的合作能力，将教育渗透到游戏中，充分发挥民间体育游戏在少年儿童早期教育中的作用。

八、开放性

民间体育游戏玩法灵活，变化多端，具有开放性的特点。绝大多数游戏没有繁杂的标准，游戏参加者能够依据场所、器械、人员总数做临时性决策，实际操作便捷，能够充分发挥少年儿童主观能动性和想象力。例如，"丢沙包"游戏可以一个人玩、两个人玩或多个人玩，一个人玩，即自抛自接沙包或用沙包投球；两个人玩，即两个人一组一个沙包，一人抛一人接，能够拿手抛或两脚夹着抛；等等。

民间体育游戏的形式多样，有球类游戏、模仿性游戏、主题情节游戏、团体协作类游戏等，内容极为丰富，能够促进少年儿童多方面发展。少年儿童在参与的过程中，其记忆力、注意力以及语言、思维、情感等方面的能力都会得到发展。

九、传承性

民间体育游戏源于广大民众的生活，既生动有趣，又具有鲜明的区域文化特色，很多民间体育游戏中浓浓的乡情总能给人们以亲切感。在少年儿童教育中融入民间体育游戏，可以潜移默化地在少年儿童心中根植优秀的民间文化精华，利用少年儿童活泼好动、爱玩的特性，一代一代地发扬传承，引导他们从小树立热爱家乡文化的意识。

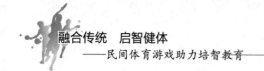
第四节 民间体育游戏的教育价值

一、身体锻炼

中小学阶段是少年儿童身体发展较为快速的阶段，少年儿童民间体育游戏，合乎少年儿童好动的特性，能够激发少年儿童参加游戏的兴趣，为少年儿童运动能力的提升和身体素质的提高打下较好的基础。很多民间体育游戏都离不了跑、跳等动作，这让少年儿童在玩中训练了敏感度、均衡协调性和全身肌肉力量，也促进了少年儿童的心智健康发展。此外，少年儿童能够随时随地开展民间体育文化游戏，具备很大的灵活性和偶然性，使少年儿童的活动总量得到保证。

民间体育游戏可以促进孩子动作的发展。民间体育游戏多可以促进孩子走、跑、跳、投掷、平衡、钻爬等大肌肉动作的发展，如跳绳、跳橡皮筋、跳格子等游戏都可以发展跑、跳、平衡、单双脚站立等动作，翻绳、抓子儿、夹子儿等可以发展手的小肌肉群和手眼协调能力。

经过民间体育游戏活动的锻炼和培养，孩子的体质得到了增强，动作的协调性、灵活性都有了进步和提高，孩子参加体育活动的兴趣也较高，尤其在走、跑方面的动作发展较好，上肢的动作较协调，对环境和天气的变化有较强的适应性。

民间体育游戏的价值体现在:

(1)锻炼孩子的大臂肌肉和手的动作,发展孩子的手眼协调能力,增强孩子四肢的灵活性,促进孩子的智力发展,有助于培养孩子的想象力、合作意识以及耐心、细心的好习惯。

(2)让孩子学会单脚跳、双腿连续跳的动作,发展孩子的下肢力量和弹跳力,锻炼孩子的动作协调能力。

(3)发展孩子的投掷动作及投掷的准确性。

(4)使孩子能够在一定范围内追逐躲闪跑,提高了孩子跑的速度和动作的敏捷性。

(5)在各种组织形式的活动中培养了孩子勇于竞争、团结协作的精神和乐观向上的态度,让孩子体验到运动的乐趣。

民间体育游戏种类繁多,对孩子身体发展起着多方面的作用。我们根据孩子的年龄特征和实际需要,收集选编了大量的民间体育游戏,如锻炼孩子跳跃能力的"跳皮筋""跳竹竿"等游戏,锻炼孩子快速追跑的"贴大饼""背月亮""开锁"等游戏,锻炼孩子投掷能力的"飞镖""降落伞"等游戏,锻炼孩子平衡能力的"梅花桩""踩高跷""不倒翁"等游戏,锻炼孩子的大小肌肉和手眼协调能力的"抓包""弹球""滚铁环""抽陀螺"等游戏。

二、心理发展

民间体育游戏与少年儿童的日常生活密切相关,并且具有极强的趣味性,因此适当地在少年儿童教育中融入民间体育游戏,可以为少年儿童营造一个愉快的教育环境,有助于缓解少年儿童早期入园(学)或者排斥入园(学)的紧张情绪,并使其不断克服自身弱点,逐渐形成良好的情绪和意志品质。

开发设计集各种各样姿势、有意思的语言表达和对外开放的逻辑思维等层面于一体的民间体育游戏，在少年儿童智力发展方面作用明显。首先，民间体育游戏的开展有益于少年儿童获得知识和打开视野。伴随着民间体育游戏的进行，少年儿童的生活知识和时代知识越加丰富，自学能力和方法获得发展，使少年儿童能够更加认识和了解实际生活。从这种意义上说，民间体育游戏是少年儿童了解世界的渠道之一。其次，民间体育游戏有利于少年儿童语言表达能力的发展。尤其是一些随着顺口的民谣歌曲开展的民间体育游戏，更给少年儿童带来了无限的快乐。假如能将些节奏感轻快、旋律优美的民谣歌曲应用到课堂教学实际操作中，则能更合理地调动少年儿童的主动性，让他们积极参与民间体育游戏。在民谣歌曲的说说唱唱中，少年儿童的语汇得到丰富，感知能力得以加强，语言表达能力也获得了提升。

民间体育游戏不仅能锻炼孩子的基本动作和体能，而且有助于让孩子形成积极的情绪、坚忍的品质、健康的心理，如"抬轿子"游戏。游戏之前，老师先示范游戏的玩法，主要是手的搭法，孩子们很感兴趣，都目不转睛地看着老师，跃跃欲试。终于到玩的时间了，老师给他们分好三人小组，谁抬轿子，谁坐轿子交由他们自己分工。"我和豆豆比较高，乐乐你小一点，就坐轿子吧！"孩子们知道发挥各自的特点，优化组合。"轿夫"很有成就感，他们就商量着轮流当。整个活动在孩子们的意犹未尽中结束。看着他们快乐的样子，老师们也很快乐，没想到都没用什么现代玩具，只是徒手做的游戏也能带给他们这么大的快乐。通过这个小小的案例可以看出，在轻松快乐的氛围中，孩子们的体能和动作都得到了发展，合作能力、协调能力更是得到了自由地发挥。在游戏成功后，孩子们的快乐感受对于他们积极情感的培养也是极为有利的。

民间体育游戏的顺利进行取决于孩子们对游戏规则的掌握，取决于他们的自我评价及他人的监督。这就发展了孩子们辨别是非、正确评价自我及他人的能力。同时，在游戏中，孩子们会不断克服自身弱点，遵守规则，选择并忍受当前的挫折和不安，锻炼自己承受挫折、失败的能力，逐渐培养良好的意志品质。

很多民间体育游戏都有一定的标准，因此具有竞争的特性，这就使少年儿童在游戏中有可能取得成功也可能不成功。当少年儿童在游戏中取得成功，他们觉得愉悦，提高了自信心。当少年儿童在游戏中遭遇失败，他们会遭到打击，产生失落感，进而影响到他们的心态。这时，他们有的会暂时终止游戏，但他们又都渴望最终能在游戏中取得成功，在这样的心理影响下和充满乐趣的游戏吸引下，大部分少年儿童会主动克服自身缺点，遵守规则，再次回到游戏中。例如，在"躲猫猫"等游戏中，每一个少年儿童都有遭遇挫败的可能，但一般都能在不安中再次参与游戏。在游戏中，少年儿童承担挫败的心理能力获得锻炼和提升，并学会了自我控制，提高了自我评价的能力。与此同时，少年儿童的性格也在游戏中变得更加开朗。因此，民间体育游戏有利于少年儿童积极心态的培养。民间体育游戏之所以能沿传至今，是因为其自身有着与众不同的价值，因而要在少年儿童教育领域里继承和发扬。

三、文化传承

中华文明源远流长，传承下来的适合少年儿童的民间体育游戏种类繁多，其中富含中华传统文化的底蕴，也有着丰富的游戏经验与教育智慧。在漫长的历史进程中，这些丰富多彩的民间体育游戏给少年儿童带来了童年的欢乐，对他们的身心健康发展起着非常重要的作用。

民间体育游戏是中华民族教育智慧的结晶。历经千年的经验总结与文

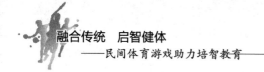

化沉淀形成的具有中国特色的少年儿童教育资源，不仅在今天赢得了许多家长和儿童的认可与喜爱，在正式的幼儿园教育中，也有着重要的地位。比如"跳格子""老鹰抓小鸡""捉迷藏"等游戏，幼儿园也经常组织。

目前，我国少年儿童教育深受西方现代学前教育思想和理念的影响，在少年儿童体育运动方面也多以现代游戏为主。然而，随着对我国民间体育游戏文化认识的加深，越来越多的少年儿童教育工作者认识到民间体育游戏的价值与重要性。作为一种传统文化，民间体育游戏不仅在少年儿童体育教育领域有着很高的文化价值，而且有着促进少年儿童体育运动发展的实际应用价值。因此，民间体育游戏应该成为当代少年儿童体育运动的重要组成部分，少年儿童教育工作者要充分认识和挖掘民间体育游戏的价值和作用，让其成为推动少年儿童体育运动发展的新动力。

仪式产生于神圣的游戏，诗歌诞生于游戏并繁荣于游戏，音乐和舞蹈则是纯粹的游戏。可见，民间体育游戏是儿童接触和学习民族文化的重要途径，少年儿童在轻松愉快的游戏过程中能够了解、认识、学习、体验一些民间传统文化。

民间体育游戏是我国传统文化的一个分支，它经过世代传承和发展，凝聚了丰厚的文化内涵，具有浓郁的地域特征和生活气息。民间体育游戏是传统文化的精华，犹如春风化雨，滋润着孩子们的心田，使孩子们在活动中充分感受到了传统游戏的乐趣，激发了他们的活动热情。

民间体育游戏所具有的特点显示了其独特的魅力和文化价值，基于此，我们应承担起传承与发展民间体育游戏的责任。

民间体育游戏具有地域性，各民族、各地区的传统文化类型风格迥异，生活方式千差万别。我们贵州人喜欢用竹子、芦苇编制各类玩具，如小动物、手枪、竹篮子等玩具；"苗族人会走路的就会跳舞"；"水族人会喝水的就会喝酒"；"瑶族人会喝酒的就会唱歌"；等等，智慧的各瑶族人民创造的各类民间体育游戏具有浓厚的本土文化气息和生活气息，少年儿童从中体会到了更多本土的文化和生活的独特之处，从而进一步激发了少年儿童对家乡生活和文化的关注与热爱，增强了他们的民族自豪感和自信心。

儿童民间体育游戏有着悠久的历史和丰厚的文化底蕴，它可以使少年儿童熟悉自己祖先所创造的历史文化，促使少年儿童产生强烈的民族自豪感。少年儿童在玩游戏的过程中亲近生活，通过模仿现实生活中的事物和人物的行为，很容易感受到其中蕴含的民俗文化，从而建立起最初的认同感。此外，在游戏的过程中，少年儿童相互帮助，心理上得到满足，无形中会对自己所在的游戏团队产生依赖感与归属感。

民间体育游戏自己文化传承的价值还体现在其提供的运动教育资源上。在特殊少年儿童教育教学中，教师要根据少年儿童当前最为感兴趣的内容引入恰当的教育资源，不断地激发起少年儿童对教育活动的参与热情及参与积极性。为了保证每个少年儿童的身心都能够在教育教学中得到锻炼，学校可以在户外活动中充分利用民间体育游戏来对少年儿童开展科学合理的教育活动。在传统的学校户外活动中，教师所选取的游戏内容太过复杂，不仅不符合少年儿童当前的运动水平，还会导致整个户外活动处于一种沉闷的氛围中，从而使少年儿童无法提起对游戏的兴趣。教师若在户外活动中引入民间体育游戏，可以最大限度地丰富户外活动的内容及形式，并且由于民间体育游戏的趣味性比较高，内容也非常简单，符合少年儿童当前的认知水平及理解能力，可以最大限度地提高少年儿童的游戏效率及游戏质量。

四、社会融入

民间体育游戏主要是集体性的活动，能够让每一个孩子都参与到活动中来，让他们能够充分感受到集体的重要性，有助于培养他们的团队意识和集体荣誉感。比如，在教学活动中加入拔河或者"丢手绢"的游戏，这类游戏会让孩子们产生一种集体荣誉感，让孩子们充分意识到集体的重要性，对其以后人生观和价值观塑造有着重要意义。民间体育游戏能够促进孩子和教师之间的交流。传统的活动模式通常是教师主导，孩子和教师的互动时间有限，在利用民间体育游戏开展活动后，孩子有了更多的机会和老师交流，培养了孩子的交际能力，增进了师生之间的感情，让孩子在快乐轻松的环境中成长，这对孩子德智体全面发展有着重要影响。

民间体育游戏对于发展孩子的口头语言表达能力具有特殊的价值，尤其是对低年级的孩子，作用更为突出。首先，对于低年级的孩子来说，不仅仅要提高他们的口语表达能力，更重要的还在于对孩子说话胆量的锻炼。在民间体育游戏中，孩子处于放松状态，心理上没有压力，可以大胆地说话。其次，民间体育游戏有丰富的"说"的材料，使孩子有说的内容，也激发孩子想说的愿望，这大大提高了孩子口语表述发展的速度和效率。游戏中的儿歌趣味性强，有节奏，朗朗上口。例如，游戏"炒黄豆"，两个孩子在游戏的同时口中说着："炒、炒、炒黄豆，噼里啪啦翻跟头。"两人边念儿歌边拍手，使他们心情愉快，同时增进了同伴间的情感交流。

民间体育游戏可以促进培智儿童社会性行为的发展。有许多民间体育游戏是两个或两个以上孩子共同进行的，同伴之间只有协调配合，游戏才能顺利进行，如"编花篮"，需要大家一齐说一齐跳，才能进行游戏。还有些民间体育游戏需分组进行，并有一定的游戏规则，这使孩子们在游戏中学会与人交往、协商、谦让、解决纠纷、遵守规则等社会行为，可以弥补独生子女家庭教育中缺少同龄伙伴的不足。

民间体育游戏虽然文化内涵丰厚，但是不同时代的教育需求各异，为了适应少年儿童的身心发育特点，教师还要对一些民间体育游戏进行创新，使其能和少年儿童的一日活动完美地结合在一起，让民间体育游戏焕发出体育全新的光彩。比如，在民间体育游戏"丢手绢"的游戏环节中，教师可以将一些当代少年儿童熟悉的歌曲融入游戏过程，如《数鸭子》等一些当前学到的少年儿童歌曲，让少年儿童边唱边玩，在轻松的游戏氛围中，不知不觉地积累了丰富的词汇；在相互的交流中，提高了少年儿童的表达、倾听等能力，这既能有效地促进少年儿童的语言发展，又能培养少年儿童的音乐律动节奏。

第二章

民间体育游戏走进培智学校

培智学校的学生是在心理、生理方面存在缺陷，在智力方面存在障碍的学生，他们是受到特殊保护，需要特殊教育的孩子。对于他们的教育，不适宜使用常规教学的方式方法，而更应该选用符合他们的教学方式。民间体育游戏走进培智学校，以符合他们学习成长特点的方式促进其身体素质提高，改善其认知，启智健体，引导他们成长并更好地生活，适应社会。

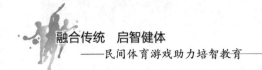

第一节　《培智学校义务教育运动与保健课程标准（2016年版）》解读

　　运动与保健课程是培智学校义务教育课程设置中的一般性课程之一。《培智学校义务教育运动与保健课程标准（2016年版）》的研制遵循普教内在规律，突出培智学校学生身心特点和实际需要，坚持"健康第一"指导思想，具有课程性质突出运动与保健相结合、课程目标层层递进、课程内容强调参与性与适切性等创新特点。《培智学校义务教育运动与保健课程标准（2016年版）》（以下简称"《课程标准》"）以《国家中长期教育改革和发展规划纲要（2010—2020年）》《特殊教育提升计划（2014—2016年）》为指导，遵循《基础教育课程改革纲要》《培智学校义务教育课程设置实验方案》的课程改革基本理念，参照《3～6岁儿童学习与发展指南》《义务教育体育与健康课程标准（2011年版）》，以"健康第一"为指导思想，结合培智学校学生生理、心理的特点进行研制，力求体现先进的特殊教育思想，遵循特殊教育和培智学校学生发展的基本规律和特点，以培养学生掌握运动与保健基础知识、基本技能和方法为主要任务，努力促进学生功能康复、身心健康，为学生的全面发展奠定基础。

一、《课程标准》的基本原则

《课程标准》的研制从培养目标出发，结合学生特点及各地教学实际情况，注重继承、借鉴和发展的关系。

（一）普适性与特殊性相结合

在深入理解国家基础教育课程改革精神的基础上，《课程标准》的制定遵循普通教育的内在规律，同时在课程基本理念、目标、内容、实施建议等方面突出学生的身心特点和实际需要，体现培智学校学生身体机能的特殊性，为培智学校学生的全面发展奠定基础。

（二）共性和个性相结合

运动与保健课程立足于全体学生的发展，同时兼顾个体差异，并关注不同地区、不同学校和学生之间的差异。在内容选择上，适当增加适合学生身体机能和终身发展的课程内容，充分考虑学生的个体差异。教学实施和评价要根据学生的身体特点及他们的兴趣爱好来选择适合他们的运动项目和评价方法，注重差异教学和个别化教学，真正落实育人为本的理念。

（三）功能康复和补偿相结合

培智学校学生通过参与运动，体验运动的乐趣和成功，发展体能。同时，课程注意吸收现代运动和康复技术的新成果，融入心理健康等相关知识，帮助学生逐步形成良好的体育锻炼习惯和健康的生活方式，增进学生自信心，保护学生身心健康，促进功能康复和补偿。

（四）社会适应与运动潜能开发相结合

体育运动不只是培智学校学生获取心理补偿的重要途径，更是他们不可或缺的生活方式之一。在课程功能上，本课程从"参与—运动—社会融合"的视角关注培智学校学生运动参与、运动技能、身心健康和社会融

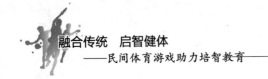

合，强调学生积极学习态度的养成和终身体育意识的形成，开发学生的运动潜能，为学生终身体育学习奠定良好的基础，切实提升培智学校学生的生活质量，促进其更好地融入社会。

二、《课程标准》的设计思路

《课程标准》继承了我国培智学校的体育教学经验和精髓，借鉴了国外先进的体育教学理念，遵循学生身心发展的规律，采取"权利—质量""能力—支持"的概念展现课程形态，引导学生掌握运动与保健基础知识、基本技能和方法，发展学生的体能，努力提高学生的运动素养，为学生的终身体育学习和健康生活奠定良好的基础，最终实现育人目标。

（一）坚持"健康第一"的指导思想

《课程标准》以"健康第一"为指导思想，构建知识与技能、过程与方法、情感态度与价值观有机统一的课程目标和结构。在强调学科特点的同时，融入健康成长知识，开发学生运动潜能，促进学生功能康复和补偿，提高学生综合能力，促进学生身心协调、全面地发展，为学生平等、充分地参与社会生活，适应社会需要奠定基础。

（二）与《义务教育体育与健康课程标准（2011年版）》的理念和原则保持一致

《课程标准》参照和借鉴了《义务教育体育与健康课程标准（2011年版）》（以下简称"《义教课标》"）的基本框架结构，遵循《义教课标》的基本理念和原则，结合《培智学校义务教育国家课程设置实验方案》要求和学生的身心特点研制。《课程标准》将《义教课标》的四个阶段水平改为1~3年级/低运动能力、4~6年级/中等运动能力、7~9年级/高等运动能力三个水平段，同时降低学习的起点水平，提高运动保健知识、体育游戏、社区体育内容的比重，增加特奥运动、融合运动等普及性体育运动的相关内容。

（三）根据学生全面发展的需求确定课程目标体系和课程内容

根据多维健康观和体育学科的特点，结合培智学校学生的身心发展实际，考虑到培智学校课程设置中单独开设的生活适应课，《课程标准》将《义教课标》中的四个学习方面进行了调整，将原有"心理健康与社会适应"中的"社会适应"一词去掉，同时将与"社会适应"相关的内容，如"形成合作意识与能力""良好的体育道德"等融入"心理健康"，最终形成了运动参与、运动技能、身体健康、心理健康四个方面的课程内容。

（四）根据学生的身心发展特征划分学习水平

根据学生的运动能力，《课程标准》将贯穿9个年级的课程内容划分为三个水平。考虑到学生的个体差异，教师可根据实际学习情况选择相应年级或能力的学习内容，并鼓励部分学生进一步拓展和提高。例如，就读四年级的小明同学运动能力较差，教师可以根据他的运动能力选择水平一（1～3年级/低运动能力）的内容。

学习水平划分阶段如下：

水平一（1～3年级/低运动能力）：在运动参与方面，主要是要求学生对运动有一定兴趣，能够掌握运动保健的基本常规，有简单规则意识，且能够做一些简单动作。在运动技能方面，能模仿做出一些运动动作，能够初步掌握一些运动基本方法，且具有一定运动安全意识与能力。在身体健康方面，主要是了解与身体运动相关的卫生行为，懂得保健常识，能够塑造良好体形与身体姿态，且主动参与体能培养与身体运动发展，提高户外运动兴趣与能力，适应户外环境。在心理健康方面，培养良好意志品德，如努力尝试完成体育任务；学会调控情绪方法，体验体育运动中的情绪价值与影响；形成合作意识与能力，参与群体互动，与人友好相处，且不干扰、影响别人游戏运动，具有良好体育道德，掌握基本运动礼仪。低运动

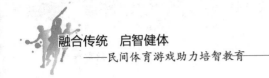
水平主要是丰富学生的运动体验，让他们初步掌握各种运动要求与规则，形成简单的运动意识与认知，为其健康发展奠定基础。

水平二（4～6年级/中等运动能力）：在运动参与方面，要求学生积极主动参加运动与保健课的学习与课外各种体育运动，与低运动能力相比，主动性要求提升了，且能够体验运动中的乐趣与成功。在运动技能方面，学习运动知识，能够体验运动过程且了解动作名称含义，掌握有一定难度的运动方法技巧，熟悉了解多种运动形式，接触了解特奥运动项目的规则与方法，能够做一些简单游戏，并懂得运用相关运动游戏规则；进一步增强运动安全意识，学习简单的运动损伤处理知识，能够自我控制规避一些具有危险性的运动。在身体健康方面，了解身体部位，能够了解一些简单的、与运动营养相关的身体疾病，如肥胖病等；塑造良好体态身姿，同时能够矫正不健康、不正确的体态身姿，学习了解在不同场合该如何保持体态身姿。在体能与健身能力方面，进一步发展、提升身体的灵敏度、协调性，推动力量和速度训练，能够适应户外气候变化，在不同的气候变化中能够保持相对稳定的身体健康表现与运动行为表现。在心理健康方面，坚持完成有一定难度的体育项目，在简单体育项目的基础上，开始挑战相对难度项目；在运动过程中尽量保持愉快等正面情绪，不要情绪失控，在遇到运动困难时，能够调整情绪积极应对，而不是负面情绪爆发；同时进一步发展合作意识，能够懂得自己在团队中的职责且学会履行职责；自我规范个人体育道德行为，不因为情绪失控做出某些有违体育道德的行为，如体育项目失败后使用不礼貌的行为和语言等。中等运动水平是在低运动水平基础上的一种发展，进一步从运动意识、观念和行为层面来引导特殊孩子在运动中成长发展。

水平三（7～9年级/高运动能力）：在运动参与方面，主要是要求学生形成运动习惯和终身运动意识，养成积极的自觉的运动态度，且能够体验运动的乐趣、幸福与成功感，可见运动参与已经升级到了习惯层面，这对于他们未来终身运动发展是有积极价值的。在运动技能方面，学生将开始更多、更全面地了解各种运动项目名称、运动内容，以及内容所代表的运动形式，且懂得一些运动文化知识，如特奥运动的基本知识，同时会制订简单的运动计划，可以解决运动过程中出现的一些简单问题。此阶段学生的运动技能开始出现组合，在运动技能方面变得熟练，且运动规则意识更强烈，能够运用规则来推动运动发展，且能够规范运动参与者的行为。在运动安全方面，学生的安全意识与自我保护能力深度发展，不仅能够掌握安全方法与技能，而且能尝试着去保护和帮助他人的运动安全，同时对于运动中的风险因素能有一定的预判能力，在特殊天气条件下，能有意识地注重运动安全。在身体健康方面，由于这一阶段的学生已经进入青春期，因此需要开始学习青春期保健知识，了解自身生理变化与知识，懂得正确与异性接触的知识；能够较长时间保持良好的身体姿态，且运动力量和技能有显著提升，对自然环境的适应能力更强，能够在较为极端的天气条件下进行户外运动。在心理健康方面，意志品质培养变得更为具体、丰富，要求也更高，如培养自尊自信、自立自强等品质，有勇气去挑战一定难度的体育项目，且坚持努力完成；对于比赛失利等引发的负面情绪，能够自我控制和缓解，在调控情绪方面，懂得一定的方法，如激励、自我心理暗示等；有积极主动的合作意识，有强烈的集体荣誉感，且能在团体运动中形成团结友爱、互相帮助的良好体育道德。高等运动水平的运动锻炼，其要求更高，内容更加具体和丰富，也更加全面，让他们能更好地适应群体社会生活，个人的身体素质与能力也能得到更好发展。

从以上三个阶段来看，在运动参与、运动技能、运动安全、身体健康与心理健康等方面，学习要求都是逐步递增、逐渐发展与完善的，体现了循序渐进的发展原则。学生在运动过程中的心理、生理发展，也与年龄发展有一定的对应关系，其目的是提高学生的体育观念意识，提升学生的体能技能，促进他们身心健康发展，从而更好地适应学习生活，为最终适应社会生活奠定基础。

（五）根据可评价的原则设置适切的学习目标

为了确保学习目标的达成和学习评价的可操作性，《课程标准》提出了具体的、适切的学习目标，特别注意将运动参与、心理健康两个方面的学习目标设置成易观测的行为表征，帮助教师更准确地对学生进行观察、指导和评价，促使学生形成良好的体育态度、心理品质和社会行为。

（六）根据课程管理的要求保证课程内容的可选择性

在坚持课程目标体系和课程内容的基础上，《课程标准》提出了具体教学内容的选择原则。各学校制订具体的运动与保健课程实施方案和教学计划时，可从师资队伍、场地与器材、学生体育基础等方面的实际出发，选编适宜的教学内容，融入特奥运动、融合运动、社区体育以及民族民间传统体育项目的内容。部分学校体育基础相对比较薄弱，应特别注意开发与利用各种实用的课程资源，确保课程的正常实施。

（七）根据课程学习目标和发展要求建立多元的学习评价体系

《课程标准》建立了有利于学生进步与发展的多元学习评价体系，要求对学生的体能、知识与技能、态度与参与、情意与合作进行综合评价，提倡在以教师评价为主的基础上引导学生进行自我评价和相互评价，重视形成性评价与终结性评价相结合，提高学生参与体育学习和锻炼的主动性、积极性及自我评价能力。

三、《课程标准》的特点与创新

（一）课程性质突出运动与保健相结合

《课程标准》的课程性质明确界定了"运动"和"保健"的含义。运动是指采取走、跑、跳、投等多种形式的体育活动。保健是指通过合理的运动，达到保养身体、减少疾病、保护和增进人体健康的综合性措施。该课程是以身体练习为主要手段，以学习运动与保健知识、技能和方法为主要内容，以保护和增进学生身心健康，开发潜能，促进功能康复和补偿，培养学生终身体育意识和社会适应能力为主要目标的一般性课程。

《课程标准》从低年段开始帮助学生充分意识到运动与自身健康发展之间的关联和重要作用，提高学生的健康意识。强调运动与保健课程具有基础性、健身性、实践性和综合性的学科性质，突出运动和保健二者的结合，将保健的知识融入运动当中，强调运动参与兴趣的培养以及基本运动技能与健康知识的获得，树立终身体育意识，同时渗透品德教育，发挥运动的育人功能。

（二）课程目标体现承上启下的三级递进关系

课程目标是课程教育价值的具体体现，是促进学生全面健康发展预期学习结果的指向，是教师设计教学（包括计划、目标、内容、组织、方法、评价等方面）的重要依据。《课程标准》根据课程目标设置了可操作、可观测的学习目标及水平目标，这是教师正确实施运动与保健课程教学的基础和前提。《课程标准》中的课程目标体系由"课程总目标—学习方面目标—水平目标"构成，呈现三级递进关系，体现承上启下的有效衔接。

课程总目标是："通过课程的学习，学生将掌握运动与保健的基础知识、基本技能和方法，发展体能，开发潜能，促进功能康复和补偿；培养参与运动的兴趣和爱好，体验运动的乐趣与成功，逐步养成体育锻炼的好习惯，形成良好的心理品质、合作与交往能力，基本形成健康的生活方式和积极进取、乐观开朗的人生态度，为融入社会打下基础。"

根据课程总目标划分为运动参与、运动技能、身体健康、心理健康四

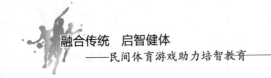

个学习方面目标，再根据学习方面目标划分为不同的学习水平目标，并提出了相应水平的目标要求。

（三）课程内容强调参与性和适切性

根据学生的身心发展特征，《课程标准》将贯穿9个年级的课程内容划分为三个水平，在运动参与、运动技能、身体健康、心理健康四个方面分别设置了相应的学习目标、评价要点、评价方法示例。课程内容不仅指明了运动与保健学科的知识点和运动技能的具体技术与动作，更明确地指出了通过参与运动、学习知识和技能，学生想做什么、应该知道什么、能够做到什么，使课程从以内容为本转向了以学生发展为本，更加重视学生的参与表现。《课程标准》的课程内容具有很大的选择性和伸缩性，结合培智学校学生的能力水平，向下延伸至基本的活动能力发展，向上延伸至基本运动比赛技能和相关知识的掌握。

首先，教师可将适合培智学校学生的特奥运动、融合运动、社区体育以及民族民间传统体育项目内容融入运动与保健课程标准。

其次，为了便于学生理解、掌握学习内容，课程内容的呈现采取列举的方式。例如，能在简单的体育游戏中完成多种形式的走、跑、抛、爬、钻、投、滚动等基本动作。在教学过程中，为了达到同一学习目标，教师可以采用不同的内容。各学校可以根据《课程标准》的目标与范围，创造性地加以选择与实施。

第三，考虑到学生在力量、速度、柔韧性、灵敏协调性、平衡性等方面的差异，《课程标准》降低了学习的难度要求。例如，为达到学习目标，使用"模仿""体验"等目标行为词代替原来的"做出""表达"。

四、《课程标准》的实施建议

《课程标准》对教学、评价、教材编写以及课程资源开发与利用等提出了切实可行的实施建议，具有针对性和灵活性，为各地具体实施提供借鉴和发展空间。

（一）强调学习目标多维度和教学方法多样化

首先，《课程标准》尊重个体差异，强调学习目标呈现多维度，即体现知识与技能、过程与方法、情感态度与价值观三维目标。根据培智学校学生身心发展和运动能力差异性较大的特点，要求教师全面了解学生，在教学中从三个维度关注学生的表现，兼顾学生的个体需求。教师应根据《课程标准》的总要求制订每个学生的具体学习目标。具体学习目标一般应该包括"条件"（在什么情境中）、"行为"（做什么和怎么做）和"标准"（做到什么程度）三个部分。

其次，在教学过程中，《课程标准》建议有针对性地采用游戏教学、情境教学等适宜的教学方法，适当放慢讲解示范的进度，延长学生的感知觉时间，引导学生获得运动与保健的基础知识、基本技能和方法，促进每个学生更好地发展。例如，学习"爬行教学"内容时，教师应首先设置三维的梯度学习目标（A、B、C），在教学过程中融入情境教学环节"小动物运动会"，通过动物爬行模仿练习和比赛，激发学生学习兴趣，提高学生的模仿能力，锻炼身体的协调性，让学生感受肢体运动的乐趣。

（二）倡导评价内容的合理化和类型的多样化

《课程标准》倡导多方面收集评价信息，准确反映学生的学习情况，充分发挥评价的诊断、反馈、激励与发展功能，更有效地挖掘每一个学生的运动与保健学习潜力，调动他们的运动与保健学习积极性，促进学生更好地"学"和教师更好地"教"。

首先，合理选择评价内容。《课程标准》根据学生和教学的实际情况，借鉴《国家学生体质健康标准》及特奥运动项目运动员能力等级分级办法，从体能、知识与技能、态度与参与、情意与合作四个方面进行评

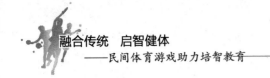
价，各地、各校可根据学生情况自行确定四个评价方面权重分配。例如，体能的测试项目包括身体形态（身高、体重）和运动能力（25米跑、垒球掷远、立定跳远等），对知识与技能、态度与参与、情意与合作分别设置5个等级。

其次，运用多样的评价类型和方法。《课程标准》强调评价的科学性和实用性，采用定性和定量评价相结合、形成性评价和终结性评价相结合、相对评价和绝对评价相结合。例如，除了学期初、学期末对学生体能、知识与技能、态度与参与、情意与合作四个方面进行测试和评价外，还要求在每节课上记录学生的态度与参与、情意与合作的情况，建立起翔实的学生运动与保健成长档案。

（三）鼓励课程资源的充分开发与利用

运动与保健课的项目设置除了要满足培智学校学生的兴趣需要外，还要考虑提高他们的运动能力，促进他们融入社会。因此，教师要重视融合项目的开发，鼓励培智学校学生与普校学生按照同年龄或同能力组合在一个团队中进行训练和比赛，让他们加深对彼此的理解和尊重，体会参与的快乐，在潜移默化中提高社会的包容力。同时，运动与保健课鼓励改造场地、器材和运动项目，如栏架可以用来跨栏，也可以用来钻越；篮球五人制可以改为三人制。

《课程标准》附录"制订地方运动与保健课程实施方案和学校运动与保健课程实施计划的建议"，对地方和学校实施课程提出了更加明确的要求，增加了对特奥运动项目建设的建议，旨在强化地方和学校对实施运动与保健课程以及推广特奥运动的责任与权利。

五、在新课程标准下推动民间体育游戏教学模式融入发展

培智义务教育运动与保健新课程标准强调：要重视学生运动潜能开发

与功能改善，激发学生的运动兴趣，引导学生掌握运动与保健基础知识、基本技能和方法，发展学生的体能，为终身体育学习和健康生活奠定良好的基础，为学生更好地融入社会发挥重要作用。面对新课标理念，培智学校的体育教师在教学中要根据学生的发展需求，采取适合他们身心发展特点的教学策略，采用多种有效的教学方法，有的放矢地进行体育教学，开发潜能，补偿缺陷，促进学生身心协调、全面发展。

（一）落实新课程标准体育课堂教学的实施策略

面对新课标，体育教师被赋予了新的历史使命，新课标对体育教学也提出了更高的要求。教师只有认真学习、深入理解新课标理念，不断优化课堂教学策略，才能提高体育课堂教学的实效性，促进学生身心健康发展。

1. 以学生发展为中心，注重学生的主体地位

智力障碍学生由于智力发育迟滞，导致体育运动主动性欠缺。在教学中，教师要重视学生的发展需要，始终以促进学生的身心发展为中心，在充分发挥教师教学过程中主导作用的同时，也要十分重视学生在学习过程中的主体地位，采用多种有效的教学手段，充分调动他们参与的主动性、能动性，注重培养学生自主学习、合作学习和探究学习的能力，促进学生掌握并学会运动方法。

例如，在进行脚内侧传球这一技术动作的教学时，教师主要按照学生探究—无球练习—固定球练习—两人对传练习—射门游戏这一顺序进行教学，在从易到难、由体验感知到理性认识、层层推进的过程中，使学生逐步掌握脚内侧传球这一课堂重点，进一步提高了学生的练习兴趣，调动了学生的练习积极性，提高了课堂效率。

2. 采用多种教学方法，激发学生的运动兴趣

智力障碍学生由于自身的缺陷，他们表现得十分胆怯、自卑、做事畏首畏尾。因此，教师在教学中要针对学生的身心特点和实际水平，从培养兴趣和爱好入手，运用激励理论，激发他们参与的欲望，鼓励他们去尝试，体验成功的喜悦和快乐；采用直观教学、游戏比赛等学生喜欢的教学方法，运用启发式的语言，放慢讲解示范的速度，延长学生的感知觉时间，由易到难、逐步提高；由优生示范，区别对待；多次重复强化训练，让学生做到边动边说边训练。师生、生生间的互动能够充分调动智力障碍学生多种感官参与活动，提高学生学习的兴趣，促进学生积极主动地参与运动，使学生获得运动的基本技能和方法，发展学生的运动能力。

3. 关注个体差异，满足学生不同需求

培智学校学生呈现障碍种类多、程度重的趋势，以及学生身心发展和运动能力差异性较大的特点。笔者根据学生身体状况、兴趣爱好及协调性、平衡性等方面存在的差异从三个维度制订教学任务和目标，兼顾个体差异，加以区别对待，满足不同学生的需求，这样既保证了教学活动正常有序地开展，又保证了绝大多数学生能完成学习目标，使每个学生都能体验到学习和成功的乐趣，促进了学生不断进步和发展。

例如，学习足球脚内侧传球，通过带领学生掌握脚内侧传球技术动作，让学生学会正确的传球姿势，提高技术水平，发展学生的协调性和灵活性。课前我对所教班级学生进行了运动能力及认知能力的评估，根据评估结果我把本班学生分成3组，对不同的组确定不同的目标要求：A组学生通过学习掌握脚内侧传球动作要领，会用正确的传球姿势完成脚内侧传球的动作，发展协调性和灵活性；B组学生通过学习知道脚内侧传球动作要领，体验脚内侧传球的动作，发展协调性；C组学生通过学习了解脚内侧传球动作要领，体验脚内侧传球的动作，在教师指导下基本完成脚内侧传球，体验学习的乐趣。

（二）落实新课程标准体育课堂教学应注意的问题

在教学实践中，教师依据新课程标准，提高培智体育课堂教学实效性应注意以下问题。

1. 精心选择和设计教学内容，提高教学内容的针对性

课程标准从运动参与、运动技能、身体健康、心理健康四个方面分别设置了相应的学习内容，并融入了适合培智学校学生的特奥运动、融合运动、社区体育以及民族民间传统体育项目内容。教师要根据智力障碍学生的能力水平和学生生活实际的需要，侧重培养学生基本的活动能力、基本运动比赛技能和相关知识来选择适合的教学内容。

2. 合理安排运动量和运动强度，提高安全运动能力

在体育教学中，合适的运动量是非常重要的，对发展学生体质，引导学生掌握运动基础知识、基本技能和方法，提高身体素质，防止伤害事故，都具有重要意义。目前，培智学校自闭症学生人数剧增，自闭症学生具有情绪不稳定、刻板固执等性格特点、以及存在自我伤害等行为。在教学中，教师要把安全放在第一位，要加强对学生活动的监督，避免出现任何危险，防止意外事故的发生，确保他们的人身安全；要合理安排运动量和运动强度，随时关注学生的行为，在活动的每一个环节必须考虑运动和休息交替合理，使智力障碍学生承受适当的生理负荷和心理负荷，并将练习与休息合理交替，做到劳逸结合。

3. 运动技能与生活技能有机结合，提高生活和社会适应能力

体育教学最终目标就是通过课程的学习，引导学生掌握运动基础知识、基本技能和方法，发展学生的体能，努力提高学生的运动素质，为学生的终身体育学习和健康生活奠定良好的基础，最终实现育人目标。教师在教学中不仅要提高智力障碍学生的运动能力，还要提高他们的生活能力，要注意培养智力障碍学生的运动技能与生活技能，将对两者的训练有

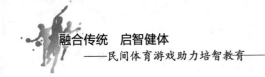

机结合，使两者得到共同发展，为终身体育学习奠定良好的基础，切实提高培智学校学生的生活质量，促进其更好地融入社会。

在对智力障碍学生进行体育教学时，教师一定要深刻领会新课标理念，根据智力障碍学生身心发展特点，精心选择合适的教学内容，采取科学合理、灵活多样的教学策略和方法，促使学生身心得到健康和谐发展，为学生更好地融入社会打下坚实的基础。

第二节　民间体育游戏对培智儿童的功能与价值

一、正确认知培智体育教学游戏化趋势

（一）培智体育课堂教学实施游戏化策略的必要性

传统的培智体育课主要的体育项目便是跑步、跳远、广播体操等，这些对于智力有障碍的学生虽已降低难度，但教学的难度仍十分巨大，且由于长期重复的教学方法，学生早已没有兴趣，培智体育教学的质量与效率难以得到保证。实践证明，通过民间体育游戏（如踢毽子、跳绳、沙包、滚铁环、踢瓦片、斗鸡、老鹰抓小鸡、丢手绢、盲人击鼓等）的有效融入，培智儿童重拾参与体育运动的信心与热情，培智体育课堂的教学质量与教学效率得到明显提高。因此，将民间体育游戏运用于培智体育课程中，具有十分重要的现实意义。中华文化博大精深、源远流长，优秀传统文化是中华民族上下几千年沉淀下来的历史瑰宝。要实现中华民族传统文化的弘扬和传播，那么在日常教育中不断渗透是相当不错的方法，而针对当前小学培智体育课堂教学存在的问题，教师便可以有效地利用传统文化

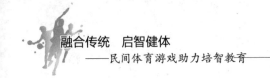

中的民间体育游戏项目进行解决，这样有利于实现时代发展与民族文化的有效融合，为广大学子展现优秀的传统民间艺术。民间体育游戏是经过代代相传传承下来的具有深刻意义的一项文化，本身便具有非常大的魅力与价值，深受广大人民群众的喜爱。新课程改革中有关体育课程的相关标准规定：当前的小学培智体育课教学应该尊重教师以及学生对学习项目的意见和选择，使学生能够通过学习自己感兴趣的游戏活动来不断地强健自己的体魄，养成经常锻炼身体的好习惯。

一方面，我国特殊体育教育起步比较晚，关于培智体育教学研究的发展也相对较慢，教育内容还是以传统的体育项目为主，教学方法较为单一。传统的培智体育活动课堂，按照常规教学，即"一讲解，二示范，三练习，四纠正错误，五巩固提高"，这不仅限制了智力障碍学生主动性和创造性的发挥，也束缚了体育教学自身的进步与发展。而教师在这个过程中，往往只是充当了"传道者"和"指挥者"的角色。另一方面，培智体育课堂采取游戏化教学，可以让智力障碍学生在参与游戏的过程中掌握各项补偿性体育运动的基础技术动作，发展各项体育运动的基础能力，为运动能力的形成打下坚实的基础。体育游戏特有的故事内容、形式和规则，符合智力障碍学生的身心发展特点，有利于激发智力障碍学生的体育学习兴趣，提高体育学习的主动性和积极性，且对培养智力障碍学生的团结协作、顽强拼搏的优良品质，以及创新精神、应变能力和进取精神具有重要的作用。

（二）培智体育课堂教学实施游戏化策略的路径

1. 凸显学生的主体地位

新课程改革确立了"以人为本"的教学指导思想，特殊教育培智体育教育亦应如此。充分体现学生在游戏体育教学中的主体地位要做到以下几点：一是全面了解学生的思维动向和兴趣热点。教师在日常的教学、生活过程中，应做好师生之间的沟通工作，准确、及时地把握学生的思维动向和兴趣热点，并以此为指导，结合相关体育教学内容，制订游戏教学计划。二是以学生为切入点，采用多形式的教学方式。结合学生的个体特征和各阶段教学目标，以学生为活动主体，开展多种形式的游戏化教学，如学生团体体育竞技、自主体育游戏课堂、师生对换课堂等。在此过程中，教师要注意发挥应有的指导作用。

2. 规划游戏化体育项目

对于智力障碍学生而言，平衡能力、协调能力、大肌肉群活动能力等训练内容是提高其身体基本活动能力的重要活动。因此，教师在实施游戏化策略时应注重合理规划游戏化体育项目。由于智力障碍儿童自身特殊的原因，体育活动内容一定要在他们能接受的前提之下开展，注意难易程度适中，按照由易到难的层级进行，而且要围绕着教学目标进行。首先，教师可以将体育项目进行分门别类，如球类项目、田径项目、体操项目、武术项目等；其次，依据教学需求的不同进行简化、改造相关体育项目，以调整技术难度和运动强度；最后，为每一堂体育课设置一个短暂的目标，并依据教学目标的不同，合理选用不同的游戏化体育项目。

3. 创设体育学习主题情境

如何有效利用情境来激发智力障碍学生参与的热情，引导智力障碍学生对知识技能的理解和掌握，启发智力障碍学生的思维，培养其情感意识，达到师生信息交流的目的。在教学中，笔者根据实际创设了连贯的情境。例如，在学习立定跳远时，笔者以"小蝌蚪找妈妈"的童话故事为基础，创设了以"小动物帮蝌蚪找妈妈"为主题的情境，将游戏内容故事化，在用语言描述故事情节的同时，与智力障碍学生共同进行角色扮演，笔者扮演青蛙妈妈，教学生模仿小蝌蚪在寻找妈妈时遇见的各种小动物，如小猫、小鸭子、小猴子、小兔子，使教育内容更加现实化、形象化，最

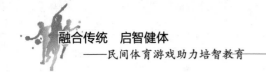
后引出青蛙妈妈教大家立定跳远的本领。在练习中，智力障碍学生置身于故事情境之中，激发了学习兴趣，融动作技能与趣味为一体。

游戏是保障特殊儿童身体健康发展的重要因素。民间体育游戏是特殊儿童认识自我、探索、体验和认识外部环境的重要方式。在游戏过程中获得的经验有助于提升特殊儿童认知、情感、动作等各方面的能力。

体育游戏是特殊儿童体育活动的主要形式，它包括仿照性游戏、有主题情节的游戏、比赛性游戏、躲闪性游戏、球类游戏、民间体育游戏等。特殊儿童在民间体育游戏中能获得多方面能力的提升，正如维果茨基所说："儿童在游戏中的水平高于在其他活动中的水平，游戏创造了最近发展区。"民间体育游戏往往只被人们认为是"身体的活动"。事实上，民间体育游戏包含着两种不可分割的、相互联系的学习过程，即"学习运动"和"通过运动来学习"。根据刘焱著的《儿童游戏通论》，"学习运动"是指游戏活动中，特殊儿童可以学习运动的基本技能，提高运动的质量，使身体和运动能力得到发展；"通过运动来学习"是指游戏活动也可以促进其他方面的学习与发展。户外游戏活动是特殊儿童认识自我、探索、体验和认识外部环境的重要方式，它有益于特殊儿童的心理健康，可以促进特殊儿童身心各方面的学习与发展。总之，民间体育游戏对特殊儿童的发展具有重要的意义。

（三）民间体育游戏的趣味性，有助于促进特殊儿童正常发育和机能协调发展

"人的健康在于运动"，相信这句话大家一定不陌生。同样，特殊儿童的健康更是如此。特殊儿童身体的各项机能发展并不完全，根据其身心发展特点，特殊儿童需要得到不断的体能训练及提升，这样他们才能更好地健康成长。因此，运动对他们来说尤其重要。体育是特殊儿童健康教育的一项重要内容。特殊学校要"开展丰富多彩的户外游戏和体育活动，培养特殊儿童参加体育活动的兴趣和习惯，增强体质，提高对环境的适应能力"。体育活动不是机械的训练，而是将基本动作技能的锻炼融入趣味性较强的游戏之中。特殊儿童在游戏中完成走、跑、跳、攀爬、平衡等基本动作。例如，低年级特殊儿童玩"举手举脚跳高"游戏就是让特殊儿童跳过利用人体各部位组成的高度不同的人为障碍，来锻炼特殊儿童的跳跃能力，并对特殊儿童进行勇往直前、努力克服困难的教育。中年级特殊儿童玩"小马运粮"游戏，让特殊儿童穿上"马蹄"，形象生动、富有趣味性，更容易让他们进入游戏的情境，在穿越不同障碍的同时，锻炼了特殊儿童走、跑、钻、平衡等综合技能。对于特殊儿童来说，游戏活动本身就是一种有效的基本动作教育。因此，民间体育游戏的趣味性对于激发特殊儿童的体育活动兴趣、促进特殊儿童以体能为主的各方面发展具有独特的作用。

（四）民间体育游戏的多样性，有助于培养特殊儿童活泼、开朗的性格和优良的品格

民间体育游戏形式多样、内容丰富，对特殊儿童多方面的发展能够起到良好的促进作用。在玩的过程中，特殊儿童的注意力、记忆力以及语言、思维、情感等方面的能力都在潜移默化中得到发展。游戏的多样性及趣味性能调动特殊儿童参与游戏的积极性。例如，轮胎游戏，虽然是废旧的轮胎，但经过刷新改造后，是很好的游戏材料，并且有很多玩法：低年级特殊儿童可以从滚轮胎开始，中年级特殊儿童可以比赛滚轮胎、走轮胎，高年级特殊儿童用竹棒、绳让轮胎"动"起来等。对成人来说"滚轮胎"是件容易且无趣的事，但对于特殊儿童来说，它可是顶顶好玩的玩具。"滚轮胎"这项运动无疑是能够发展特殊儿童机体的协调性（动作协调、手眼协调等）的；同时，轮胎这个玩具对特殊儿童是具有很大吸引力的。"兴趣是最好的老师"，在感兴趣的基础上，特殊儿童自由自在地

"玩"，体验游戏的乐趣。柳布林斯卡娅曾指出，"游戏是使幼儿产生巨大愉快的源泉"。借助玩具器材的游戏、只要几个伙伴一起就能玩起来的徒手游戏、能自制简单玩具（场景）进行游戏，这些丰富的游戏形式给特殊儿童带来了愉悦的心情，良好的心境有助于特殊儿童形成活泼、开朗的性格，更有助于特殊儿童优良品格的形成。

（五）民间体育游戏的集体性，有助于培养特殊儿童良好的合作与社会交往能力

特殊儿童的许多游戏是真实社会生活的缩影，通过虚拟情境，将日常生活中的表象形成新的形象，用新的动作方式去重演别人的活动，也是特殊儿童认识周围世界、了解社会交往的手段。特殊儿童之间的相互联系和相互交往是其个性发展和社会化发展的基础。在民间体育游戏的过程中，教师有目的地通过多种方法，利用游戏规则和玩法诱导特殊儿童的交往和参与行为。比如，高年级特殊儿童玩"毛毛虫游戏"，要求4~8个特殊儿童一组，一个接一个地蹲着向前进，教师创设相应的情境，让特殊儿童以竞赛的形式进行游戏，这能促进特殊儿童间交流、合作的能力。在前进的过程中，同组的特殊儿童只有步伐统一，才能有效率地完成任务。这需要特殊儿童间相互沟通，达成一致意见，这样才能齐心协力到达终点。游戏"接力障碍"是民间体育游戏中一项比较常见的具有很强的竞赛性的活动，也是一项增强特殊儿童集体意识的活动。该游戏将特殊儿童分成两组、四小队，在游戏的过程中，增加了与同伴间沟通、互动的机会，使特殊儿童的语言交流能力得以发展。特殊儿童教学借助民间体育游戏这个平台，大大增加了特殊儿童间交流的机会，有助于培养特殊儿童良好的合作及社会交往能力。

（六）民间体育游戏的自主性，有助于激发特殊儿童的创造力与想象力

《幼儿园教育指导纲要》明确指出："幼儿园教育应充分尊重幼儿作

为学习主体的经验和体验，尊重他们身心发展的规律和学习特点，以游戏为基本活动，引导他们在与环境的积极相互作用中得到发展。"在特殊儿童教育活动中，特殊儿童教师的"主导"是教师有目的、有计划地引导特殊儿童参与活动并促进特殊儿童发展的教育过程；而发展又是特殊儿童积极、主动地参与教育过程，并通过各种积极主动的自主行为进行活动的结果。

从《幼儿园教育指导纲要》中我们不难看出，特殊儿童主体性教育是特殊儿童教育的必然要求。然而，许多教师偏重于将具有目标性的、对特殊儿童具有一定发展意义的活动称之为游戏。特殊儿童自主发起的游戏，却常常被称之为"违规"活动。殊不知，在游戏过程中，特殊儿童自发的一些游戏行为，正是他们发挥自主性的体现。"游戏活动"是由特殊儿童自发、自主、自选的，没有任何功利目的的，能带给特殊儿童快乐、满足特殊儿童需要的活动，是一种可以让特殊儿童自由自主地进行创造并使其创造得到最大限度发展的活动，能有效激发特殊儿童的创新意识。

二、积极推动体育游戏在培智教育中发展

体育课作为提升学生身体素质的重要途径，在学校教学活动中占据着重要的地位。尤其是近几年，随着特殊教育课程改革的持续推进，体育课的重要性逐渐提升。通过游戏活动能够为特殊学生营造和谐、愉悦的学习氛围，培养特殊学生多方面的技能，有利于特殊学生的身心协调全面发展。

（一）体育游戏的特点和实际需要

特殊学校的体育游戏课重视学生运动潜能的开发与功能改善，激发学生的运动兴趣，以引导学生掌握运动知识、基本技能和方法，发展学生的体能，为终身体育学习和健康生活奠定良好的基础，为学生更好地融入社

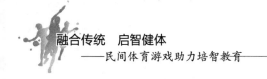

会发挥重要作用。因此，特殊学校的体育教师必须切实把握好体育游戏的特点，结合课堂教学实际，正确合理地选择体育游戏，进一步促进体育游戏在体育教学中的应用。

（二）体育游戏在特殊学校体育教学中的重要性

作为体育教学的一种有效和重要的教学手段，体育游戏的合理利用能够促进特殊学生身体素质的全面发展，提升特殊学生的体育技能。

1. 有利于学生多种能力的培养

在体育游戏教学过程中，学生多方面的技能都可得到极大的提升，如观察能力、动手能力等，同时通过不同的游戏体验够使学生的思维得到很大的发展。此外，学生通过亲身参与到活动中，手眼协调能力、肢体的灵活性等都能得到不同程度的发展。可以说，体育游戏是提升学生多种能力的最佳途径。

2. 有利于学生集体荣誉感的培养

集体荣誉感是一种典型的团队精神，对每个学生都有着较大的影响。教师根据学生的实际情况分层开展教学活动，然后通过设定具有挑战性的游戏活动，要求学生以小组为单位开展，对于表现较好的学生及时给予奖励。在参与游戏的过程中，既激发了学生进行游戏活动的浓厚兴趣，也能更好地培养学生的集体荣誉感，增进彼此之间的感情。

3. 有利于学生身体机能的全面提升

我们常说："生命在于运动。"体育游戏就是通过具有娱乐性的游戏活动来实现运动的目的，使得学生在运动过程中提高耐力与体力，增强柔韧性与灵活性，进而促进学生身体机能健康发展。体育运动开展的宗旨就是通过科学合理的锻炼达到强身健体的目的。同时，体育游戏具有较强的竞赛性，在竞赛活动中能够使学生的应变能力以及适应能力得到提升。

4. 有利于课堂教学趣味性、自主性的提升

体育游戏可以激发学生的兴趣，提高学生参与活动的积极性，从而带动更多学生自主参与体育锻炼。体育游戏的趣味性也使得体育课堂教学更加生动，不仅拓展了教学手段，也使得体育教学课程体系更加丰富。加之学生具有较强的好奇心理，教师要善于抓住这一点来激发学生主动参与的积极性，切实提高体育课堂的教学效率。

5. 体育教学中如何正确选择体育游戏

（1）充分了解学生需求

随着我国特殊教育体育课程改革的持续推进，体育教师要不断尝试创新体育教学方法。在开展体育游戏时，体育教师必须充分了解学生的真实需求，善于选用符合特殊学生身心特点并为其所需的游戏活动，在现有的游戏模式上大胆创新，充分发挥出体育游戏的教育价值，努力提高体育课堂教学质量。

（2）趣味性与教育性兼具

在特殊学校的体育教学活动中，体育游戏的选择不仅要有趣味性，还要具备教育性。只有增加游戏内容的趣味性，才能让学生积极参与其中，在潜移默化中使学生的身体素质得到提高。同时要注重它的教育性，把课程中育人价值放在重要位置。通过游戏，不仅要提高学生的身体素质，也要培养学生良好的个人品德。

6. 体育课程中民间体育游戏的应用策略

（1）趣味小游戏导入，吸引学生的注意力

俗话说："良好的开端是成功的一半。"将体育游戏应用到在体育课堂教学导入环节，不仅能够吸引学生的注意力，激发学生的参与积极性，还能够发挥热身效应。一个成功的课前导入是提高课堂教学质量的关键。针对特殊学校学生的成长发育特点，课前导入必须找准学生的兴趣点。这是因为兴趣是提高学生参与游戏的关键因素。体育游戏因具备较强的趣味而深受学生喜爱。因此，教师可以在体育教学导入环节选择一些趣味性强的小游戏，引导学生更好地进入学习活动，实现寓教于乐，进而为进一步课堂学习奠定良好的基础。

（2）情境式渗透，切实掌握学习重点

玩是开展教学的一种手段要想通过玩耍实现教学目的，在体育教学中就必须做到"教"与"玩"的有效结合。对此，教师可以结合教材设置相应的故事情境，然后让学生借助各式各样的体育器材练习体育动作，将学习难点与重点穿插到游戏活动中，使学生通过玩耍就能够掌握相应的体育技能，切实提高体育课堂教学效率。

（3）放松游戏，增进学生情感交流

体育课结束前，教师可以通过一些放松小游戏来缓解学生的身体疲劳，帮助学生身体从上课时的运动状态逐渐恢复到平静状态，同时让学生很好地释放心理压力，为其他学科的学习做好铺垫。教师可以结合轻柔的音乐设计放松小游戏，带领学生一起进行放松运动，这个环节既可拉近师生之间的距离，增进情感交流，又可促进学生的身心健康发展。

第三章

培智学校民间体育游戏
课程目标的设计

培智学校民间体育游戏课程目标的设计，不仅要求设计的目标体现安全性原则、科学性原则、教育性原则、快乐性原则和参与性原则，而且要求设计的具体目标涉及运动参与、运动技能、身体健康、心理健康与社会适应等多方面。实际上，设计的最核心的目标就是促进培智学校学生身心健康发展。

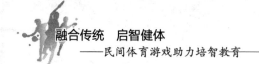

第一节　培智学校民间体育游戏课程目标的设计原则

一、安全性原则

安全性原则是民间体育游戏课程设计的最基础的原则。安全性包括游戏材料安全、游戏内容安全、游戏中的人的身体承载负荷安全以及游戏场地、设备等诸多方面的安全。考虑到培智学校学生的特殊性，教师还需要培养他们的安全意识。

（一）培养和强化学生安全自护意识和能力

在特殊学校教育中，教师在开展体育活动教学时应从学生的日常生活出发，让学生能够具备良好的自我生活日常行为习惯，培养和强化他们的安全自护意识，如教师可让他们自己照顾自己的饮食起居，完成一些基础的小事，以此来培养他们良好的日常生活习惯，让他们能够解决自己的生活问题，养成独立的习惯。在此过程中，教师要为他们亲身示范，为他们讲解日常生活中安全自护的基本理论，然后指导并教会他们该如何去做。只有将学生日常生活中关注的重点和细节周而复始的地讲给学生听，他们才能根据教师的要求进行自主训练，才能提高教育成效。需要注意的是，教师要给予学生足够的耐心，以避免他们在失败一次后就产生消极的心态。教师要正视学生的缺陷，认识到这些特殊学生与正常学生之间的差异，在他们身上多下功夫，耐心训练，结合他们的日常生活来真正地培养他们的安全自护意识。

现在的特殊儿童在家里受到精心的照顾和保护，他们经常听到家长说不许跑、不许跳，久而久之，就只知道不能这么做，而不知道为什么不能这么做。例如，中年级特殊儿童有的不敢从床上爬下来、不敢从小椅子上跳下来。还有一种属于什么都不怕的，两种特殊儿童的反差很大。教师要想到，这样的特殊儿童往往会发生意外，因此在体育游戏活动中，教师既要照顾到顽皮好动的特殊儿童，又要鼓励胆小的特殊儿童参与到活动中来。教师在活动前可提出具体要求，如跑的活动要注意什么、眼睛里要有其他人，还可以让特殊儿童自己说说该注意些什么，在特殊儿童头脑中树立安全观念。在活动过程中，教师要对个别特殊儿童进行随机教育，如我班圆圆小朋友玩滑梯、攀登架时喜欢从台阶上往下跳，这时我就会及时提醒他：从这么高跳下来，不仅自己会摔倒，还会碰到在底下玩儿的小朋友。所以，教师的语言提示十分重要，特殊儿童只有在教师反复的指导下才能加深记忆，知道该怎样去参加集体活动，才能玩得开心、玩得快乐。

（二）创设体育游戏情境，培养学生安全意识

在教学过程中，由于特殊教育学校的学生接受能力与正常学生相比有着较大的差异，因此，在培养特殊学校学生安全自护意识的过程中，教师要结合特殊教育学校开展体育活动的实际情况来为学生创设良好的体育游戏活动情境，以调动他们的参与积极性，并培养他们的自我保护的安全意识。例如，在刚开始培养学生安全意识时，教师可引导他们关注自己在日常生活和学习中存在的安全隐患，进而引导他们做到及时发现、及时分析、及时预防。在开展体育游戏活动的过程中，教师要为学生创设游戏情境，让他们在平常的生活和学习中能够有意识地阅读一些充满知识性、富有思考性的趣味性知识内容，从而将自己的阅读思考感悟与具体的体育游戏活动情境相结合，锻炼他们运用理论知识解决具体问题的能力，让他们学会在游戏活动中培养自己的自护意识。

在遇到突发状况时，教师可以让学生分组分析问题，让他们将自己的看法发表出来，进而引导学生积极思考，增强他们的自护能力和实际生活中的应用能力。例如，对于聋哑学生来说，教师可针对他们的身心发展状态为他们设计能够让他们自主脱险自救的安全防护情境。在这种有趣的体育游戏教学情境下，学生不仅能获得感性认知，还能明确地知道哪些是安全的，哪些是危险的，从而进一步提高他们的自我保护意识和灵活应变能力，让他们学会自我保护。

（三）增加与家长的交往互动，共同培养学生的安全自护意识

家长是孩子的第一任教师，与孩子有着亲密的关系。因此，在特殊教育学校的体育活动中，教师要有意识地鼓励学生与家长进行互动，从而培养他们的安全自护意识。在此过程中，教师要指导家长学会正确调节孩子的思想情绪，让他们能够学会保持开朗或愉悦的心情，增强自己的心理素质。例如，对于生理和心理都存在缺陷的学生，教师要引导他们尽可能地克制自己的不良情绪，以免他们伤害自己、伤害他人。与此同时，教师还应从实际情况出发，结合学生的心理特征和需求对他们进行反复的教育和引导。需要注意的是，教师既不能过于严厉，又不能太过放松。教师要加强与学生父母的沟通，家校携手帮助学生养成不随便发脾气的良好习惯。此外，教师还要采用疏导法来让学生学会克制自己的不良情绪。尤其是在与他人交往时，要懂得克制自己，尊重他人，避免与同伴产生隔阂。相信通过教师的引导、家长和同伴的帮助，学生一定能克制自己，宽待他人，

与人平等交往。

培养培智学生的安全自护意识是一个长期的过程，因此，在特殊教育学校的体育活动中，教师要充分关注学生的心理和生理健康，从学生的实际情况出发，加强对学生安全自护教育的管理。在此过程中，教师要积极地将特殊教育学校的体育活动与学生的日常生活、体育游戏活动情境、家长同伴交往互动实践等有机结合在一起，对学生在安全自护过程中出现的问题进行引导，让他们能够及时改变自己的思想，真正做到关爱自己、关爱他人，从而养成良好的生活习惯和安全防护意识，更加健康茁壮地成长。

（四）运用典型事例教育特殊儿童在体育游戏活动中要注意安全

特殊儿童在活动过程中观察能力较差，眼睛里经常没有他人，所以误闯误撞的事情经常发生，但并没有引起特殊儿童的警觉。经过鹏鹏的事件后，特殊儿童才知道玩时不能总自己开心、不顾他人。鹏鹏是我班的一名特殊儿童，很顽皮，在练习抛掷沙包的活动中，总是不管对方小伙伴有没有准备好，便将沙包抛给对方，结果打在了小伙伴的眼睛上。虽然小伙伴的眼睛没被打伤，但鹏鹏害怕了，看着我和小朋友不敢说话。此时，我没有马上批评鹏鹏，而是等了一会儿，问鹏鹏：如果小朋友今天没戴眼镜，沙包打在眼睛上会怎么样？鹏鹏小声说：会打在眼睛上。看着鹏鹏的样子，我没有再说什么。从此以后，鹏鹏在器械活动中再也没发生过类似的事件，还经常告诉别人不许怎么样呢。

（五）培养特殊儿童遵守规则的意识，增强特殊儿童自护能力

在体育活动中，教师只有按照活动特有的规则来约束和实施活动，才能使活动目标得以完全贯彻落实；如果缺少了规则，那么，不仅目标不能得到落实，特殊儿童的安全也得不到保障。例如，在玩"大灰狼捉小鸡"的游戏前，教师要通过示范告诉特殊儿童，当"大灰狼"来进攻时，"鸡妈妈"应该勇敢地迎上去堵住"大灰狼"，而不能害怕地带着"小鸡宝宝

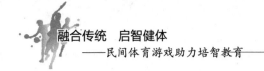
们"四处逃窜，如果这样的话就会有"鸡宝宝"掉队、摔伤、被"大灰狼"吃掉。规则交代清楚了，特殊儿童在这个集体游戏中就减少了碰伤、撞伤现象，特殊儿童投入活动的主动性和积极性更高了。教师努力将特殊儿童的兴趣与必要的规则结合起来，促进特殊儿童养成各种健康行为习惯，是至关重要的和可行的。

（六）教特殊儿童正确使用体育器械，保障活动安全

在体育活动中借助体育器械锻炼特殊儿童的身体功效是巨大的。首先，特殊儿童喜欢器械，那么他们投入活动的力气也就较大；其次，器械的使用可以更好地帮助特殊儿童锻炼身体的协调性。但是器械多为木质、铁质，它们有的质硬，如跷跷板、铁圈，有的转动起来力量很大，极易伤到儿童，针对这种情况，应该怎样让其优点发挥出来并杜绝不足带来的危险呢？其一，教师要告诉特殊儿童不正确使用器械可能带来的危险；其二，教师要及时检查器械，消除隐患；其三，教师要开动脑筋，对器械进行改进、更新。

（七）合理选择活动场地

剧烈活动要避免在大型玩具上、人多的地方开展。例如，小金鱼游戏，"小金鱼"要四散跑才能不被"捕鱼者"捉住，这时应避免与玩类似游戏活动的班级在一起玩儿。选择安全地方游戏，也可以给特殊儿童画圈，让他们不许跑出圈，如进行平衡木练习，可以选择靠操场边缘的地方，防止其他特殊儿童的冲撞。

（八）根据游戏分配人数，减少不利因素的产生

教师要有较强的照顾全局的能力，如占圈游戏可以训练特殊儿童的反应能力，人数越多碰撞机就会越多。特殊儿童只想得到圈，此时他考虑别人的时候就少了，因此一组圈数不能超过5个。特殊儿童参与体育活动时情绪或高涨或低沉，教师都应该注意到，如进行投掷方面的游戏、跑跳

类的活动，特殊儿童情绪高涨，对个别特殊儿童要留心观察，或是给他降温、进行冷处理，让特殊儿童休息一会儿，或者是让他当老师指导小朋友玩。这样既不会伤害特殊儿童，又能让他从激动的情绪中安静下来，而后再投入活动。而对于胆小的特殊儿童，教师也不能对他们置之不理，应该鼓励他们积极参加活动。

不管是何类学校在开展体育课程教学中都应重视学生的自身安全。对于特殊教育学校，学生身心方面的缺陷是特殊学校开展体育教学难度大的原因。随着我国教学改革和对青少年全面培养的重视，特殊教育学校的体育课程也在积极不断地完善中。培智学校应正确认识培智生体育课程教学目标，不断提高培智生身心素质，帮助他们树立完善的自我安全保护意识，使他们能够在体育运动中实现自我保护。由于培智生的个体差异比较大，有的培智生在体育运动中反应慢、能力差、注意力不集中、情绪不稳定、记忆力短暂等，造成这部分培智生的体育运动安全意识较难培养。这就需要体育教师认真分析班级中每个学生的个体情况，针对不同学生制定不同教学策略，不断提升培智生的运动安全意识，使其身心缺陷得到补偿从而提升身体素质。

二、科学性原则

科学性原则是开展民间体育游戏，促进培智学生成长的基本原则。

（一）根据特殊儿童的性别开展不同的民间体育游戏

在户外活动中融入民间体育游戏时，为了保证每个特殊儿童能够充分地体会到进行民间体育游戏的乐趣以及快乐，教师要根据特殊儿童的性别开展不同的民间体育游戏。在民间体育游戏开始之前，教师要对男生和女生的身体素质和运动水平进行充分的了解和分析。对于女生来说，一些女生喜欢比较文静的游戏，并且女生大多都是比较心细的，也是比较有耐心的，因此教师在开展民间体育游戏时，可以让女生进行"拍拍手""做豆腐""炒黄豆"等民间体育游戏。对于男生来说，这部分特殊儿童身体素质是比较好的，也是活泼好动的，所以在对男生开展民间体育游戏时，一定要适当地锻炼特殊儿童的身体素质，起到强身健体的效果，如可以开展拔河、赛跑、老鹰抓小鸡等民间体育游戏。这样一来，不仅可以保证每个特殊儿童能够充分地感受到进行民间体育游戏的乐趣，还在一定程度上提高了特殊儿童的游戏兴趣和游戏积极性，在教师的引导下，每个特殊儿童都可以学习到有用的知识，提高综合能力。

（二）充分考虑少年儿童的身体差异

教师在户外活动中开展民间体育游戏时，除了要根据性别来开展民间体育游戏之外，还要充分考虑特殊儿童的身体差异，防止特殊儿童在民间体育游戏中发生一些突发情况，造成非常严重的影响。对于培智学校低年级、中年级、中高年级特殊儿童来说，他们在运动能力和身体素质方面存在较大的差异性，因此教师应当根据不同阶段的特殊儿童的身体素质来开展民间体育游戏。

例如，对于低年级特殊儿童来说，这部分特殊儿童身体较为弱小，身体协调能力并不是那么强，所以教师在开展民间体育游戏时应当避免做一些非常剧烈的运动，并且要加强对特殊儿童的引导工作，如教师可以开展老鹰抓小鸡的游戏。值得注意的是特殊儿童在进行游戏的过程中，教师一定要更多地关注他们的游戏行为，加强引导，防止出现一些安全问题。对于中年级的特殊儿童来说，教师可以安排一些活动量较大的游戏，并且要向特殊儿童讲述游戏中的一些人生道理，让他们有所启示。例如，教师可以开展警察抓小偷的游戏，让特殊儿童在游戏中能够认识到警察和小偷这两个角色在生活中的地位，使得中年级的特殊儿童可以提高自身明辨是非的能力，也丰富了中年级特殊儿童的生活经验。对于高年级特殊儿童来说，教师可以开展一些运动量较大的民间体育游戏，如跳山羊。值得注意的是，教师在开展跳山羊这一民间运动时，应当做好防护措施，从而让每个儿童都感受到游戏的快乐。

（三）根据季节变化调整民间体育游戏内容

教师在开展民间体育游戏时，也应当注意周边的场地以及自然环境，根据不同的季节开展不同的民间体育游戏。对于夏天来说，天气是比较炎热的，教师所开展的民间体育游戏运动量要少，防止特殊儿童出现中暑的情况。教师可以在室内开展一些运动量较小的民间体育游戏内容，如丢沙包。对于冬天来说，天气是比较寒冷的，那么教师可以适当地增加特殊儿童的运动量，达到强身健体的效果。

三、教育性原则

教育性原则是本质原则。民间体育游戏的追求，即作为教育手段促进培智学生成长。提起童年，我们印象最深的就是和小伙伴们在空气新鲜、阳光充足的屋前屋后空地上、田埂边玩踢毽子、跳格子等游戏。小伙伴们个个被晒得脸蛋儿黑里透红，被风儿吹得皮肤都裂了，但小伙伴们的心情是愉快的，身体是健健康康的。由此可见，民间体育游戏对年幼的孩子有着多么大的吸引力。但如今的孩子，现成的玩具应有尽有，看电视、玩电子游戏机、玩各种电动玩具，这些活动使孩子们常常躲在家里，足不出户。很少有孩子在空气新鲜、阳光充足的户外进行体育锻炼。他们就像温室里的花朵，经不起风吹雨打。而民间体育游戏作为一种游戏的形式，集趣味性、娱乐性和教育性于一体，朴实生动，取材方便，活动形式灵活多样，是特殊儿童获得快乐的重要来源，能够促进特殊儿童多方面协调发展。

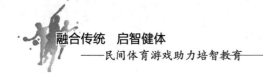

（一）民间体育游戏促进特殊儿童体能发展，增强身体素质

小孩子本身体质比大人弱，易感冒，最好的办法就是增强他们的体质。民间体育游戏中就融入了一些体育锻炼，如"推小车""扔沙包""踢毽子"等游戏，都锻炼了孩子们手、脚的动作，这些动作促进了孩子们骨骼肌肉的发育，锻炼了孩子们的技能和技巧，也增强了孩子们的体质，更有利于孩子们身体健康发展。民间体育游戏种类繁多，形式多样。其中许多游戏能促进特殊儿童走、跑、跳、钻、爬、平衡等基本动作的发展，为提高特殊儿童的运动能力奠定了良好的基础。例如，在"跳格子"游戏中，特殊儿童的大肌肉动作得到发展。如，在"跳绳"游戏中，特殊儿童通过连续摆动长绳，不仅能锻炼下肢，而且能锻炼上肢和躯干各个部分；不仅能发展弹跳力，而且能发展速度、力量、灵敏、耐力和柔韧性。

（二）民间体育游戏促进特殊儿童相互合作，发展社交能力

在民间体育游戏中，很多游戏需要几个小朋友或更多小朋友一起玩才可以进行，这样也就提高了孩子与他人友好相处的能力。这些游戏规则可以让孩子们学会遵守规则，改善一些任性、唯我独尊的性格缺陷，促进孩子们交往能力的发展。例如，"跳皮筋"（集体游戏）、"炒黄豆"（2人）、"打沙包"（4人）、"翻绳"（2人）等。在"跳皮筋"游戏中，因为一人的失误，最终的胜利者要"救"那些落难的跳手，胜利者是这一游戏里最伟大、最无私、最有核心能力的伙伴，这又充分培养了孩子们团体协作精神与社交能力。特殊儿童加强了与同伴的交往，他们才能真正体会到自己是集体中的一员。特殊儿童一方面要表达自己的意愿、主张、态度；另一方面要理解他人的意愿、主张、态度，并做出回应。特殊儿童在游戏中形成了两种类型的交往关系，一种是现实中的伙伴关系，另一种是游戏中的角色关系，无论哪种关系，都为特殊儿童的社会性发展创造

了有利的条件。研究表明：积极的伙伴之间的社会强化更有可能出现在游戏中，而不是出现在成人组织或设计的活动中。民间体育游戏使特殊儿童三五成群一起游戏，通过相互协调，学会与别人友好相处，学会自己解决人际矛盾，学会控制自己的情绪和行为。

（三）民间体育游戏健全特殊儿童心理品质，有利身心健康

实行保健和教育相结合的原则，以特殊儿童发展为本，促进特殊儿童身心和谐地发展，是特殊儿童的主要任务。其中，加强特殊儿童的品德教育和进行行为习惯的培养、训练，对促进特殊儿童身心和谐发展，起着十分重要的作用。民间体育游戏具有浓厚的趣味性和娱乐性，符合孩子们好动、好奇的特点。特殊儿童在游戏中享有充分的自由，特殊儿童的心情是放松的，没有心理压力。许多民间体育游戏也带有竞争性，如"斗鸡"游戏，两人以膝盖相撞，撞到对方者为胜；"跳皮筋"由浅入深，程序和现在的电子游戏闯关差不多，看谁先跳到最高处。在这些带有竞争性的游戏中，特殊儿童也会面临失败，这会使特殊儿童产生挫折感。但是游戏的趣味性又吸引着特殊儿童继续参加游戏。在这个过程中，特殊儿童承受挫折的能力及活泼开朗的性格得到了培养。每个游戏都是有规则的，游戏的规则是大家都必须遵守的。例如，"捉鱼"的游戏规则是当念到"快快捉住"的"住"字时，"渔网"落下，这时游过"渔网"的"鱼"正好就被网住，但有的特殊儿童会不遵守规则，故意慢慢游，或还未到时候就提前钻过去。教师这时就要强调游戏规则。面对游戏的诱惑，特殊儿童会控制自己的行为而遵守规则，在游戏中学会自我控制。

（四）民间体育游戏促进亲子间的交流，增进亲子感情

因为民间体育游戏不受时间、空间的限制，很多游戏可以大人和孩子一起玩。当你下班回家，怀着愉快的心情，带着耐心和爱心，和自己的孩子进行亲密接触、亲密交流时，你能感受到孩子的愉悦，同时可以在孩子与你畅所欲言的时候，了解到孩子的心情、喜好及这一天在学校的一切。另外，特殊儿童都渴望与父母进行交流、活动。这是因为特殊儿童生来具有活动性，这种活动性如果得不到正常的表现机会，就会向无目的方向泛滥，导致攻击性行为出现。民间体育游戏提供了这样一个自然而然的亲子间的互动的机会。民间体育游戏经过一代又一代的流传和发展而来，许多孩子的父母、祖父母也都会玩。此外，民间体育游戏的开展比较灵活、自由度大，一般不受时间、空间等条件的限制，所需要的玩具材料也很简便，可以根据自己的兴趣和需要，自由地商定玩法和时间。例如，发展特殊儿童肌肉协调与灵活性的翻绳游戏，在茶余饭后的时间里，特殊儿童可以与父母、家人翻玩。放风筝也是特殊儿童非常喜爱的活动之一，一家三代一起制作风筝，有的剪，有的画，有的粘……大家一起共享制作玩具的乐趣，并可一同到户外尽享放风筝的快乐。民间体育游戏的开展满足了孩子的精神需求，又达到了家人同乐的最佳效果，既为亲子双方带来欢乐，又增进了亲情。

（五）民间体育游戏提高特殊儿童文化认同，促进文化交流

民间体育游戏可以宣传传统文化，促进文化的交流，让特殊儿童自然地记住文化信息，对传统文化形成一种熟悉感，激发学生爱家乡、爱祖国的情感。例如，各个地区都有一些方言，部分方言游戏能够传承语言文化，如绍兴民间体育游戏歌谣："踢脚班班，班过南山。南山荔枝，荔枝拗羹。新官上任，旧官请出……"另外，教师不应该对游戏照搬照抄，还可以创新游戏，以让孩子们感受到传统文化的气息。

民间体育游戏是来自人们生活中自创的一种游戏形式，在孩子们尽情享受的同时，发展了他们的与人交往的能力、想象力、探索力、智慧、体质，是一种"快乐的教育"。在"健康第一""终身体育"等理念的倡导下，民间体育游戏作为一个极好的项目，不仅对特殊儿童的健康发展有

着积极的促进作用，而且对人的终身发展都有积极的作用。将民间体育游戏灵活地贯穿在特殊儿童的一日活动中，可以充分发挥民间体育游戏的作用，让特殊儿童在民间体育游戏中健康快乐地成长。

四、快乐性原则

培智儿童的缺陷核心是思维能力的缺陷，因此采取游戏教学方法使低年级培智儿童在嬉戏娱乐活动中接受知识是必要可行的途径。

（一）实践操作式游戏教学

操作式游戏教学是根据实物教学方法演变过来的，是在教学过程中主要运用实物观察和实地观察来训练培智儿童，而不专注于文字、标记，在游戏中指导学生动手操作，以此刺激学生的感官，从而使学生在接受知识的同时，充分锻炼手、脑并用的协调性，在操作中认知感悟，获得经验，发展能力。这种"做中学、学中玩"的游戏教学能给学生留下深刻的印象，能帮助他们区分事物之间的差别，使他们在操作中学会思考，从而把他们看到的现象跟有关的事物联系起来，这种动手能力的训练，有利于学生在实际生活中应用。

例如，在学习"前"和"后"概念时，为了帮助学生识别理解"前"和"后"的方位，教师先让学生做个"看看、找找、说说"的游戏，让学生在观察"教室前墙上的黑板和后墙上的黑板报"中理解"前"和"后"的联系，再让学生在实地场景中——自己的座位和前后的座位来进一步巩固"前"与"后"的概念。这样，在动手操作与多种感官的参与中，学生不仅记住了生字，而且理解了"前"与"后"的词义。再如，在学习洒水扫地等劳动内容时，教师让学生通过"争做班级的小主人"游戏，学会洒水、扫地，使学生在动手中学习完成具体事情的操作技能。

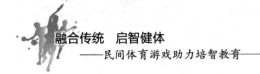
（二）模拟情境式游戏教学

情境式游戏教学是教师根据教材的内容，通过语言描绘、画面呈现等形式设计成一定的场景，让学生在这一特定的情境中进行游戏。这种教学方法符合学生的思维和认知特点。实施这种教学方法可以采取以"形"为手段，以"美"为纽带，以"情"为突破口，以周围世界为知识圈，训练学生合理使用大脑。特别是实地场景更能让学生真实地感受生活，从而掌握知识点。

例如，在学习"雨衣和雨鞋"知识时，教师可先让学生看看雨天的录像，然后在播放"大雨"录音的同时，让学生用雨具在"雨中"走走，这样学生不仅懂得了雨具的作用，而且学会了雨具的使用。

再如，在进行"客人来了"语言训练时，在创设的情境中，我和学生分别扮演不同的角色。场景一：我当阿姨串门，小朋友开门接待客人时说应该用的礼貌用语。场景二：我当阿姨进了门，小朋友指沙发说礼貌用语。场景三：我当阿姨，小朋友双手送上泡好的茶时说礼貌用语。场景四：我当阿姨离开主人家时，小朋友说礼貌用语。让学生利用表演的机会说出礼貌用语，这不但帮他们理清了不同场合应使用不同的礼貌用语，培养了他们的交往能力，而且使学生在与"长辈"交谈的温馨气氛中感受到人与人之间的美好情感。

（三）亲子互动式民间体育游戏

亲子互动式民间体育游戏让特殊儿童在家长的陪伴下成长。下面以"滚铁环"的民间体育游戏为例，进行探索研究。

第一，要提高民间体育游戏价值。首先，教师应得到家长配合，注重在家长的辅助下开展民间体育游戏活动，可以召开家长座谈会，让特殊儿童重温传统体育民间体育游戏的乐趣；在家长的支持下，由家长带领特殊儿童在课下开展民间体育游戏活动。第二，对收集到的游戏项目进行整改，本着激发特殊儿童兴趣的目的，汲取民间体育游戏的精华，通过游戏活动锻炼特殊儿童的身体机能。第三，增强特殊儿童的操作体验性，注重合理控制民间体育游戏活动的难度，达到适于特殊儿童参与的目的。例如，在自制滚铁环民间体育游戏活动中，教师应注重采用粗细适当和大小合理的铁环，可以为铁环涂上彩色漆，以吸引特殊儿童的兴趣，还可以在铁环材质上进行创新，注重增加铁环上的副环，从而使铁环滚动时能发出清脆悦耳的声音。

第二，创新民间体育游戏形式。首先，教师要丰富民间体育游戏活动的形式，注重发挥自娱自乐与有组织活动的价值。一方面，通过视频展示的方式，让特殊儿童在家长的陪伴下开展滚铁环活动；另一方面，可以在培智学校组织开展规模性的滚铁环活动。例如，通过组织开展"特技表演"和群体比赛的方式，吸引特殊儿童开展滚铁环游戏，达到提高活动组织性、促进特殊儿童积极参与活动的目的，具体可以设置60米障碍赛、50米竞速赛、滚铁环打口袋等游戏形式。教师可以从滚铁环的赛道着眼，在特殊儿童学会基本的滚铁环动作技巧后，通过增加赛道的弯道等方式提高游戏的难度，还可以设置滚铁环时的多种任务，从而达到锻炼特殊儿童身心协调的目的，收到一玩多得的效果。

第三，提高民间体育游戏的趣味性。首先，教师以游戏引导特殊儿童放松身心，引导特殊儿童以积极的心态投入民间体育游戏活动当中，注重通过比赛动员、代币奖励等方式调动特殊儿童参与活动的积极性。其次，注重提高民间体育游戏的科学性和探索性。例如，在民间体育游戏滚铁环的基础上，教师引导特殊儿童发现为什么钩一钩铁环就转动得快了以及控制铁环滚动方向的诀窍等。在特殊儿童滚铁环教学中，教师还要注重引导特殊儿童进行仔细观察，从而达到普及科学知识的目的。再次，在滚铁环游戏时，教师还要培养特殊儿童的耐心和意志力，引导特殊儿童积极训

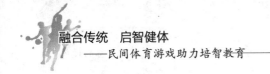

练，并且引导特殊儿童在游戏时进行大胆的创新，及时地给予特殊儿童鼓励。最后，在游戏时，教师要注重特殊儿童的游戏体验，使他们在游戏中获得愉悦的体验，教师通过游戏规则的制定，鼓励特殊儿童跑动。教师可以通过设置障碍赛的方式调动特殊儿童参与游戏的积极性，并抓住时机对特殊儿童进行各种有效教育。

第四，保证活动安全。首先，教师要保证游戏活动器具的安全性。例如，在滚铁环游戏时，教师应当根据培智学校孩子的身体特征，适当地控制铁环的大小，同时对滚铁环的钩子大小与弯槽铁棍长度进行控制。其次，教师要保证活动场地没有障碍物，要在活动场地标出警戒线，保证观看的孩子与参与游戏的孩子分别在不同区域内。再次，教师应当在游戏前带领特殊儿童做好准备活动，防止特殊儿童在跑动中因为鞋带松动带来伤害，从而达到安全游戏的目的。组织开展特殊儿童民间体育游戏活动强调教师之间的有效配合，注重对不同组别和个别特殊儿童进行个别化照顾，从而有效地防止特殊儿童意外伤害事故的发生。

第五，控制课堂活动节奏。首先，教师要注重发挥示范作用。先组织特殊儿童观看滚铁环的视频，再进行正确示范，激发特殊儿童的活动兴趣和参与积极性。其次，教师要注重有组织地开展课堂活动，提高课堂民间体育游戏活动的秩序性，通过比赛、游戏、故事氛围渲染保证特殊儿童参与活动的秩序。再次，教师要注重在特殊儿童活动时进行个别指导，从而有效保证活动的正常秩序，防止特殊儿童活动时开小差，达到锻炼提高特殊儿童能力的目的。最后，教师要控制好特殊儿童从事游戏活动的时间，避免过长的活动时间造成特殊儿童身心疲劳。

五、参与性原则

众所周知，兴趣是人们探究知识、探索事物以及进行活动的内在动力。兴趣也可以说是天然的启蒙者、融入民间体育游戏内容与形式的体育课程在培智教育中具有非常重要的意义，它通过有效的体育活动可以激发培智学生对体育的兴趣和爱好，从而使他们能够在体育学习活动中产生浓厚的兴趣，并为以后终身参与体育锻炼奠定良好的基础，这也是强化康复技能的重要前提条件。那应该如何在民间体育游戏教学中调动培智学生参与体育的兴趣和积极性呢？

（一）体育课游戏化，调动培智学生兴趣

培智学生由于自身原因以及外界因素的影响，对体育锻炼是比较陌生的，他们多是以自身感受来判断新事物，所以小学时期的大部分培智学生并没有体育锻炼的兴趣，更何谈爱好。因此，作为一名小学体育从教者，我们需要在教学中注重寓教于乐，并借助游戏和多元化的教学模式调动培智学生的兴趣。

比如，在教学"并脚跳过一定的高度"的时候，由于部分培智学生存在自身缺陷，他们并没有跳的勇气，如果我们一味地要求他们反复练习，那一定难以激发他们锻炼的兴趣。对此，我将这节内容改成了"勇敢的小白兔"游戏，并精心设计了教学场地，在其中设置了小河、小山坡和小兔的家，并在这样的环境中鼓励培智学生勇敢地越过小河、跳过小山，这样就可以去小白兔的家，可以与可爱的小白兔一起玩了，并且告知学生小白兔还准备了小礼物。我通过这样的游戏活动瞬间调动了培智学生的兴趣，他们纷纷抢着要练习。这个时候他们的表情是欢快愉悦的，害怕的表情也消失不见了。一堂课下来很多培智学生都说："太好玩了，我还没玩够呢。"通过这样的方式不但气氛活跃了，学生的兴趣也提升了，最主要的是他们体育锻炼的积极性被调动了起来。

（二）多用鼓励性的语言和动作，激发学习自信心

适时地给予学生鼓励和表扬能够使他们形成积极向上的学习体育的

67

态度，而对于培智学生来说，我们适时地给予鼓励有助于激发他们的学习兴趣。培智学生由于身体的缺陷，他们更需要我们的鼓励，更需要得到我们的认可，因此，我们在实际教学中需要适时地给予他们口头的鼓励和表扬，如"很好""做得不错""非常棒"在我执教的班级里有一名培智学生是典型的唐氏综合征，他属于中度智力障碍，胆子非常小，缺乏自信心，在一些集体活动中，他参与的积极性非常低，总是躲在一旁看。无论教师和同学怎么喊他，怎么叫他，他都不理。针对这名的学生的情况，我会不断地鼓励他参与一些集体活动，并对他说："老师相信你是最棒的，一定可以的！"然后带领他一起练习。当他完成之后，我会及时对他提出表扬。通过这种循序渐进的方式，我逐渐帮助他树立起自信心，而他为了能够得到老师的肯定，参与活动的积极性也越来越高了。

记得有一次，在课堂练习打保龄球（自制教具）的时候，我示范完之后对学生说道："今天老师看看你们谁打得最好，谁最能干，谁最先来呢？"这时学生纷纷举起了手，而这名培智学生也慢慢地举起了手，我对他的勇敢提出了表扬，并征求同学意见，让他先来练习。在同学和老师的鼓励下，他第一个练习，且在练习中打得非常好。我对他说道，"太棒了"。此时，他脸上露出了灿烂的笑容。因此，对于培智学生来说，只要他们敢参与，哪怕仅仅进步一点点，达到了一个微小的目标，我们老师都要及时给予赞许和肯定，从而使他们在学习中感受到乐趣，树立起体育锻炼的自信心。

（三）让音乐走进培智体育课堂，活跃体育教学氛围

培智学生大多智力低下，他们的很多行为难以控制，尤其是在课堂上很难集中自己的注意力。如果我们采用常规的教育模式来锻炼培智学生，效果一定不理想。这些特殊学生身上都有很多缺陷，重复练习他们的身体也吃不消，而且会让他们感觉枯燥，不会跟着我们练习。我觉得在实际教学中让音乐走进课堂之中可以让他们更"享受"，不但能够陶冶情操，还能够开发智力。比如，如果我们在做准备活动的时候仅仅是喊口令让学生做，那么他们一定会觉得无趣。但如果我们将活泼的音乐融入其中，这样学生就会觉得有趣多了，也会积极地跟着我们去做。通过这样的方式不但能够活跃课堂气氛，还能够使培智学生积极主动地参与其中，从而达到寓教于乐的效果。

在体育教学活动中，如果想要培智学生积极主动地参与其中，我们就必须注重培养他们体育锻炼的兴趣，这也是提升体育课堂教学质量与效率的前提条件。所以，我们在实际教学中要借助多元化的教学模式吸引培智学生的注意力，并调动他们学习的兴趣，从而使他们带着饱满的热情参与其中。

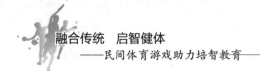
第二节　培智学校民间体育游戏课程目标的确定

一、运动参与

在民间体育游戏教学实践中，学生才是体育学习的主体。为了更好地提升他们的体育学习兴趣，不断激发他们的参与热情，教师应该结合学生的认知特点，精准把握课程内容，巧妙实现体育教学与学生生活实践之间的关联性，更好地激发学生的体育参与热情。在体育教学实践中，教师应该巧妙创设生活情境，融入生活化的素材和内容，在整体拓展体育教学内容的同时，更好地激发特殊学生的体育游戏参与热情。

教师在体育教学过程中，可以将学生平时喜欢观看的一些竞技类的综艺节目中的游戏环节等，同体育教学内容结合起来。比如，这几年比较火爆的"撕名牌"游戏，它其实就是一种行进当中的运动。在跑步项目的课前准备环节，教师可以将班级内的学生分成若干小组来进行"对战"，通过这样生活化的游戏，不仅能够创设妙趣横生的体育课堂氛围，更能够在很大程度上提升学生的体育学习积极性。另外，在体育教学实践中，教师应该充分突出学生的主体性地位。比如，教师可以在明确学习任务后，鼓励学生结合生活中的所见所闻等自主创设游戏内容或者课程内容，以此来更好地开展自主学习，或者教师在体育教学中，为学生准备相关的体育器材，引导学生进行自主化的练习和实践。

在教学过程中的某个环节，教师有目的、有计划地让学生参与练习时的管理，能收到一定的效果。例如，在准备性练习时，教师只需提出活动的总要求，而由组长或体育委员组织学生练习，有时也可以让组长组织全体学生演练教师所培训的内容，教师巡社对各组进行指导。由于组织者、指导者不同，由原先的教师统一指挥，变成学生自我管理，学生练习的热情和效果截然不同。学生强烈地意识到自己是学习的主人，应该学会尊重和利用自己的权利，因而学习的主动性和自觉性就提高了。

民间体育游戏之所以对少年儿童体育运动有着积极的促进作用，就在于其具有广泛的参与性、内容的多样性以及符合少年儿童身心特点的趣味性，只有在这些特点下，少年儿童参与各种各样的民间体育游戏的积极性才会高，从而能够达到提高身体素质的目的。

对于民间体育游戏来说，其开展的时间相当灵活，只要在少年儿童兴趣来的时候，就可以开始游戏，没有太多的时间限制，不管是上学还是放假，也不管是清晨还是傍晚，都有适合玩的民间体育游戏。另外，可以开展民间体育游戏的场地也没有太多限制，不管是在学校里，还是在小区公共空地上，抑或是在比较宽敞的家里，几乎都能成为游戏场所，都可以给孩子提供游戏的空间。开展民间体育游戏的时空比较广泛，加上广泛的内容，以及自由组合的人数，可以说不管多少个少年儿童，也不管在何时何地，只要具备一定的条件，就能找到让这些少年儿童适合玩的民间体育游戏，这就是民间体育游戏广泛的参与性。所有少年儿童都能玩，随时随地可以玩，且玩法多样，这种广泛的参与性是民间体育游戏传承与发展的前

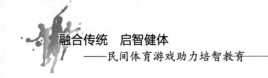

提与基础。

每个少年儿童都有自己喜欢的游戏内容，每种游戏都有针对少年儿童某项或者某几项生理机能锻炼的作用，这就与民间体育游戏具备多样性的特点相关了。多样的游戏形式、多样的游戏内容，可以让少年儿童根据自己的兴趣、体能以及场地、时间、人数等情况的不同，而组织起不同的民间体育游戏。

正是因为民间体育游戏具有多样性的特征，所以其才有发展的潜质，才有扩散的潜力。每个学校，每名少年儿童，总能找到适合的或让少年儿童感兴趣的民间体育游戏。民间体育游戏多样性的特征也使其具有了更多的发展空间和推广潜力。

我国的民间体育游戏种类繁多，但是大都没有经过现代化教育理念的总结、梳理与改良，使得其发展情况一直不是很理想，在少年儿童教育中没有发挥其应有的价值。民间体育游戏要想真正获得长远的发展，就必须接受现代少年儿童教育理论的改良，去粗存精，在实践的检验中进步。

（一）民间体育游戏应该与现代培智教育理念相契合

尽管民间体育游戏是我国传统文化的结晶，但是其更多是一种经验总结与传承，而缺乏现代少年儿童教育理念的规范与检验。我国当前培智学校几乎都是按照现代少年儿童教育理论进行组织和管理的，这要求少年儿童教育工作者用现代少年儿童教育理念去收集和整理民间体育游戏，并且对其进行适当的改良与调整，使其更符合当代社会少年儿童教育发展规律。唯有这样，民间体育游戏才能够在当代少年儿童体育运动中获得更充足的支持，进而取得更长远的发展与进步。

（二）民间体育游戏应该在内容和形式上进行适度创新

集游戏、运动和教育等特点于一身的民间体育游戏，对于少年儿童身心整体性健康发展自然有着积极的意义。此外，民间体育游戏规则简单，玩法丰富，这就给教育工作者留下了足够的创新空间。少年儿童教育工作者完全可以根据当代少年儿童的身体素质、兴趣特点，对民间体育游戏从形式到内容进行适度创新，让其更符合现代教育理念，更具有现代气息。同所有事物一样，要想继续发展，就必须在传承中创新，民间体育游戏亦是如此。

二、运动技能

由于民间体育游戏内容和玩法比较多，并且民间体育游戏和现代少年儿童游戏之间存在一定的差异性，并不需要应用各种机械玩具，少年儿童就可以随时随地开展游戏。通过对民间体育游戏进行分析得知，其主要以行为为基础，如跳跃等，这些民间体育游戏帮助少年儿童在具体的游戏中，不断增强身体抵抗力，提高身体素质，为其以后在社会中的健康发展提供保障。教师针对学生的全面发展需要，要从学生本身的素质出发，去寻求有利于学生全面发展的体育项目，以提升综合素质，即对力量的增强、对速度的提升，以及对身体的协调性与技巧性的锻炼等。教师作为指导者，要将这门课程中全部的精华梳理出来，促进学生的全面领悟与发展，磨砺他们的意志，丰富他们的课外活动，提升他们的兴趣与情趣，让学生的生理和心理得到全面的发展，提升综合素质。

一个良好的体能是特殊儿童进行或参与各项体育运动的前提和基础，没有良好的体能，就算特殊儿童的运动兴趣再高涨，也无法提升其竞争精神，从而使其学习效率与运动机能不断下降。对此，体育教师应该做好提升学生体育技能的基础工作，不断加强学生体能训练，在课堂上采取各种各样的方式，锻炼特殊儿童的身体机能。因为，当代特殊儿童的身体机能日渐下降已经成为一个不争的事实，所以培养他们的体能已经成为当代教师最重要的任务与工作。

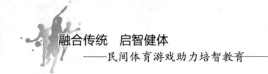

首先，教师应该在课堂上为特殊儿童制订一个严格的体能训练计划，如每天课前的体能训练，包括负重跑、蛙跳等，都会循序渐进地提高特殊儿童的运动能力。

其次，教师应该将游戏或比赛融入日常教学工作的体能训练，以满足特殊儿童的运动需求，让特殊儿童在欢乐、轻松的训练氛围下不断提高体育技能。民间体育游戏通常要在户外进行，主要是为了让少年儿童呼吸更多的新鲜空气，在此基础上进一步促进少年儿童新陈代谢和骨骼的发育。另外，这种游戏还可以增强儿童自身的免疫国。因此，学校需要加强对户外资源的应用，积极组织少年儿童进行民间体育游戏活动。例如，教师可以通过踢毽子、跳皮筋和老鹰抓小鸡等多种方式，激发少年儿童对体育游戏的兴趣。在具体的体育运动中，少年儿童是游戏的主体。如果将民间体育游戏科学融入少年儿童体育活动中，能够发挥少年儿童自身想象力，帮助其在游戏中享受到快乐。

最后，教师需要不断丰富民间体育游戏的内容，加强对不同游戏玩法的有效应用，通过各种玩法，不断促进少年儿童在社会中的全面发展。在此过程中，教师要丰富少年儿童的日常生活，如可以通过开展"老鹰抓小鸡"游戏，培养少年儿童体育活动的能力，有效分配儿童日常玩耍的时间。同时，教师要结合少年儿童的实际情况，选择合适的儿童游戏，积极发挥民间体育游戏的作用。例如，在开展课间活动的时候，可以融入"斗鸡""炒黄豆""抬轿子"等民间体育游戏，在此基础上不断改变以前的课间活动内容，在丰富少年儿童日常活动内容的同时，适当增加活动本身的乐趣。

以培智学校的跳绳民间体育游戏为例，学生掌握跳绳技巧与动作要领，是确保学生跳绳技能得以更好发展的关键所在。同时，由于其开展时间主要集中在大课间，学生对娴熟技巧的驾驭离不开针对性强化训练。因此，教师可在平时的训练中，将训练的任务、目标、要求等逐一分解，使学生在循序渐进中开展针对性训练。在完成一个个小目标的基础上，来提高其训练的实效性与科学性。同时，教师可在以学生掌握一定跳绳技巧的基础上，适当融入辅助性花样跳绳训练，让每一个学生根据自己的实际情况自主选择，灵活运用，并为自己设定辅助性训练目标，以确保训练的效果达成。随后，教师借助分组引导的方式，鼓励学生自主驾驭自己所掌握的跳绳技巧，开展必要的展示活动，以不断提升其参与的自信，并让学生在互相学习、对比中找到自身存在的不足。教师要着力于对学生技术、方法等领域问题的纠正，提升其跳绳技巧，使其在自主参与、自主实践中获得认知蜕变，让学生在提升自我、发展自我中互帮互助，为其积极投身大课间活动来发展其跳绳技能奠定基础。

三、身体健康

由于民间体育游戏具有很强的娱乐性、趣味性，孩子们通过参与民间体育游戏活动可以收获最大的乐趣，还能促进他们身体发育和机能发展。因此，培智学校的体育课教学中，教师应该适时应用民间体育游戏。例如，为了培养少年儿童的平衡能力，提高他们的动作灵敏性，教师可以尝试使用跳房子的民间体育游戏，鼓励孩子们轮流使用单脚跳、双脚跳来完成游戏任务。在民间体育游戏融入体育教学的过程中，为了激发少年儿童参与的积极性，达成健康领域的教学目标，教师可以尝试将民间体育游戏进行改编、创新，使其能够满足体育教学活动的要求，如将双脚跳改为夹球或夹布包跳，而且在向前跳的基础上再增加向后跳、左右跳等规则，这样将使少年儿童的身体协调性得到发展。像老鹰抓小鸡、丢沙包等民间体育游戏更是促进了少年儿童跑、跳、掷、躲、闪等动作的发展及身体动作灵活性、敏捷性的提高。在课程实施的过程中，教师广泛应用民间体育游

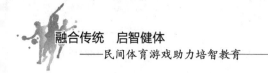

戏、恰当改编民间体育游戏，可以使孩子们逐渐喜欢上民间体育游戏，进而积极主动地学习运动技巧与动作技能。我们相信在少年儿童教育中恰当地应用民间体育游戏，可以促进少年儿童健康愉快地生活，并可以促进其健康发育。

运动康复作为体育课程的重要组成部分，又是学校课程中不可缺少的一部分，为了将学校教育改革进行彻底，学校必须充分认识到运动康复教学是促进改革的"催化剂"，同时摆正运动康复教学在学校课程中的位置，即运动康复教学在推动学生全面综合素质发展方面也有着极为重要的作用。运动康复训练的首要任务就是充分锻炼有缺陷学生的身体肌肉，增强其身体素质，使学生身体各项机能能够得到有效发展。这就要求体育教师在训练时，务必根据每个有缺陷的学生的身体素质状况制订相应的锻炼计划。培智学校应尊重每一个有缺陷的学生，积极为他们创造良好的学习和生活的环境，让其在一个温馨的大家庭中健康成长。

（一）创设情境，激发有所缺陷学生对体育课的向往之情

根据有缺陷学生的感知特点，从场地的变换、布置等方面来设计，给学生一种想要探索的感觉，让他们自主地参与到活动中。情境又分为很多种，如语言描述、实物演示等，这些都可以极大地增加有缺陷学生对体育课的向往。运动康复可以让学生在运动过程中感受到极大的乐趣，同时开发他们的智力，使身体各项机能都能得到锻炼，可谓一举多得。教师要积极根据有缺陷学生的身心发展特点创造一个适合他们的教学情境，同时尊重他们，让他们在一个健康快乐的环境中成长。

举例来说，当进行"饮料瓶中装沙子"这一教学活动时，教师首先对学生做出示范，告诉他们怎样装，然后让有缺陷学生自由练习，熟悉这一活动的流程。等学生自己练习得非常熟练时，教师将学生分组，让小组之间进行比赛，看看哪个小组装得多、装得快，选出获胜的小组并奖励一朵

小红花。教师通过创设情境可以有效地激发学生参与课堂的积极性，使他们的智力也能有所提升。

（二）个别化教学因材施教，分层递进，让学生学有所得

不同的学生身体发展状况是不同的，教师应仔细观察每一个学生，观察其身体素质情况并做详细的记录，这对以后教学有非常大的帮助。根据不同学生的身体素质情况，进行因材施教，分层教学，让学生的身体机能在最大范围内得到最适合的运动康复训练。通过分层教学可以让学生完成自己能够完成的训练项目，可以极大地增强其自信心。同时这种教学方法给予了学生广阔的发展空间，让其能够有机会突破自我，战胜自我，树立"我可以完成，我能做到"的信念。

例如，在进行跳绳训练时，教师根据不同学生的身体状况制订计划。身体素质好的学生，设置跳绳的数量自然要多一点，并且保证学生能够完成；身体素质较差的学生，设置的跳绳数量随之减少。教师制订的计划必须建立在学生身体所能承受的范围之内进行，避免学生在此过程中发生受伤一类的事件。在此过程中，学生向教师展示了真实的自我，并收获了乐趣。在走步的练习中，教师可以提前将学生分成不同的项目小组，每个小组对应的路线是不同的，路线分为折线和直线，让他们在走路过程中收获乐趣。

（三）采用新颖的教学方法和教学手段

想要改变学生对体育游戏的学习态度、调动学生学习的积极性，就必须让学生自身对所学内容产生极大的兴趣。教师应把传统的运动康复教学模式与新模式有机地结合起来，让学生在一个快乐又不缺乏锻炼的课堂上学习，并且致力于开发有缺陷学生的智力。教师以"健康第一"的教学理念促进学生的全面发展，让学生以快乐的心情练习运动康复项目，让学生"爱"上体育这一学科。教师根据有缺陷学生的身心发展特点，积极改革

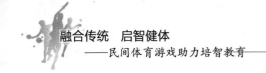
创新自己的教学模式，使学生在课堂上获得参与感。

例如，当教师进行运动康复教学（篮球课）时，设置篮球课的主要目的是锻炼学生的上肢力量及身体协调性，培养学生的运动爱好。在上课之前，教师收集大量空的矿泉水瓶子，并注入少量的水，随后将其拿到操场上，然后将学生分成不同的小组，让小组进行比赛。教师设置比赛规则，将篮球视作保龄球，让学生向摆放矿泉水瓶子的方向扔篮球，击中瓶子越多的小组获胜，并会给了一定的奖励。

总而言之，教师在进行体育健康训练时，应不断改革创新其教学方式，并且符合现代中学生身心发展特点，积极开展能够引起学生对运动产生向往之情的活动，同时丰富校园生活，引导学生积极参与体育活动，使学生的身体素质有所提升。学校要针对有缺陷的学生的特点制订相应的运动康复训练计划，使其养成终身体育的习惯，广泛地开展、深化有缺陷学生的运动康复活动。

四、心理健康

游戏本身是一种娱乐互动，进行体育游戏能使青少年儿童的心理得到极大的放松；能帮助青少年儿童进行身体的锻炼，提高青少年儿童的免疫力；能使学生感受到趣味性；对于学生的精神品格塑造有着非常重要的作用，可以培养学生坚韧不拔、永不放弃的思想品质。同时，安排适当的体育游戏丰富课堂教学，能让少年儿童在游戏中获得更大的进步空间。

丰富多彩的民间体育游戏可以使少年儿童的身体得到有效锻炼，从而在日复一日的民间体育游戏活动中增强身体机能。由于民间体育游戏具有很强的灵活性，人们可以随着时代的变迁对其进行创新、改编，所以其不会像专业的体育活动那样在动作方面要求严格、规范，这就为少年儿童根据自己的想法改编跑、跳、钻、爬等动作创造了条件，符合少年儿童不受拘束的心理发育特点。因此，民间体育游戏活动在幼儿园课程实施中的应用为少年儿童尽情释放天性提供了机会，对于少年儿童稳定和调节情绪，释放过剩的体力和精力具有积极的意义。在开展民间体育游戏活动时，有时需要师生、生生间进行互动，这样可以增强师生、生生之间的情感交流，有利于人与人之间建立和谐的关系。例如，在玩丢手绢等游戏时，我们应该提醒少年儿童不要总是把手绢放在自己最好的朋友后面，这样不利于其与更多的小朋友互动，从而不利于交到更多的好朋友。为此，教师还可以改编游戏，由一圈改为两圈、三圈，增加少年儿童互动的范围。在民间体育游戏活动开展的过程中，除了使少年儿童的身体得到锻炼外，我们还要十分关注少年儿童心理健康的发展，真正促进少年儿童身心和谐健康发展。

体育游戏不同于一般的体育活动，它是以身体练习为主要内容，以游戏活动为形式，是以发展身心为目的的一种有意识的活动。它能把特殊儿童难以理解的动作变成具体的游戏情节，提高特殊儿童练习的兴趣，使特殊儿童在轻松、愉快的环境中开展活动并达到锻炼和增强体质的目的。我们发展体育游戏是为了培养"完整儿童"。"完整儿童"是为适应未来社会科技飞速发展、全方位的社会竞争而提出的一种新的教育观念，它要求特殊儿童在教育影响下，各方面素质全面协调发展。体育游戏作为特殊儿童体育的重要内容，是培养特殊儿童全面发展不可缺少的一个环节，对特殊儿童的人格健康发展有很好的教育功能，因此体育游戏对特殊儿童心理健康有着十分重要的作用。在活动中，教师要把特殊儿童作为游戏的主体，引导他们在游戏中积极主动地去探索、发展，在与伙伴的竞争或合作中，培养他们的意志和正确对待他人与自己的良好心理品质，引导他们积极主动地参与体育游戏，从而获得自身的发展。

民间体育游戏进行的过程中需要特殊儿童调动自己的思维、身体等

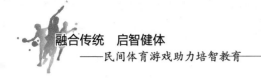

多方面的感官，有助于刺激特殊儿童大脑神经的发育，可以在一定程度上帮助参与游戏的特殊儿童集中注意力，提升反应能力和思维水平，还能丰富特殊儿童的想象力等。进行不断重复的锻炼，可以使特殊儿童的大脑和身体控制更加协调，帮助特殊儿童稳定自己的情绪。调查、研究和实践表明，热爱体育游戏的学生，在坚持了一段时间的体育游戏锻炼之后，在人际交往关系的处理方面更加出色。对于特殊儿童而言，体育游戏中不乏和其他人合作和交流的环节，可以帮助学生建立自信心，使青少年的性格更加活泼开朗，使特殊儿童在遇到困难时能够更加乐观向上，从而形成积极的生活态度，更好地应对每天的学习。

特殊儿童本身正处于思想相对敏感的阶段，在日常生活和学习中会遇到各种各样的心理问题，在教育特殊儿童时，教师不仅要注重他们的学习成绩，还要关注他们的心理健康发展。而进行体育运动的锻炼，可以帮助特殊儿童更好地调节自己的不良情绪。如果消极情绪不能得到及时地处理，就会使特殊儿童的学习陷入一种恶性循环之中，甚至会导致其出现心理问题。通过体育锻炼可以帮助学生更好地把握自己的情绪，宣泄消极情绪，在运动过程中产生的多巴胺等化学激素也可以使特殊儿童能够将消极情绪转变为积极情绪，同时通过体育锻炼的方式提高了特殊儿童的身体素质，帮助特殊儿童增加更多的正能量，从而更好地适应未来的学习和社会的发展。

五、社会适应

随着时代的不断发展，越来越多的家长发现少年儿童可以在角色游戏中促进自身的社会性发展，因此教师应该不断创新自己的教学手段，重视角色游戏对于少年儿童社会性发展的重要作用，并且创新探索一些具体方法促进少年儿童社会性发展。少年儿童社会化是指在一定的社会条件下，少年儿童逐步了解社会关系，获得社会经验，掌握社会规范而成为社会成员的过程，即从自然人转化为社会人的过程。少年儿童的交往是生长发育和个性发展的基本需要，是个体社会化的实现途径。体育游戏中包含很强的社会交往成分并为少年儿童创造了良好的集体交流环境，应该说，体育游戏是少年儿童进行社会交往的起点之一。体育游戏中同伴之间的交往活动是促进他们早期社会行为发展的重要契机。体育游戏为少年儿童创设了既合作竞争，又相互鼓励、彼此理解的环境，让他们体验不同角色乐趣的同时逐渐摆脱早期以自我为中心的倾向，进而提升少年儿童理智水平和道德观念并培养少年儿童的集体主义观念，从而提升少年儿童的小群体适应能力。通过观察发现，不同年龄段少年儿童社会行为发展存在关键期，因而要求教师在开展体育游戏实践过程中注意对关键期的把握，以及选取有针对性的体育游戏以更好地促进少年儿童在关键期内社会适应行为的发展。

民间体育游戏大都需要通过团队合作才能完成，因此可以有效培养少年儿童之间的合作意识。在当今社会背景下，一个人只有具有合作能力，才能适应社会的发展，才能在激烈的竞争中生存下来。例如，"拔河"比赛就是极具娱乐性的民间体育游戏，需要团队合作来完成。在游戏过程中，大家需要默契配合才能赢得胜利。通过参与这类民间体育游戏，少年儿童通过亲身体验，对团队合作有了更加深刻的认识，也有利于他们今后将团队合作的精神应用到其他的学习活动中去。而在玩"老鹰抓小鸡"时，少年儿童的性格也变得更加活泼开朗，并感受到了团队的力量。因此，开展民间体育游戏活动，可以有效促进少年儿童社会性的发展。游戏在体育教学中，以它丰富多彩的内容，生动活泼、有趣的组织形式，深受广大少年儿童的欢迎。

（一）培智学校少年儿童角色游戏存在的必要性

首先，在培智学校教育教学中，角色游戏是一项十分有效的教学手段。因为培智学校的孩子普遍身心有缺陷，更加复杂的教学手段可能很难让少年儿童理解，但是通过角色游戏这种简单直接的方式，可以让少年儿童更容易理解在一些场景下应该怎么做才是适合的，这样他们就可以逐步明事理重情感，渐渐明白自己应该如何与人沟通和交往。

其次，角色游戏可以促进特殊儿童的社会性发展，由于特殊儿童之前一直待在家里，完全没有社会的概念，通过角色扮演，特殊儿童可以了解不同行业的人处在不同的地位上会说什么做什么，这样他们对这个社会的基本结构就可以有一个基本的了解，他们也会更容易进入并且适应这个社会。

（二）培智学校少年儿童角色游戏现存的问题

培智学校少年儿童角色游戏现在仍存在着一些问题，如角色游戏更偏重游戏，因为娱乐性过强导致少年儿童很难从中学到真正的道理，往往嘻嘻哈哈一通而忘记了教师真正想要教他们的知识，这样一来，利用角色游戏来促进他们的社会性发展就变得更加困难。而且角色游戏往往因为曾经不受重视，因此产生道具缺失的问题，道具不逼真、道具不全等成为影响特殊儿童真正参与到角色游戏中的因素，因此道具应当被妥善提前准备。而且一些道具可能对于培智学校的少年儿童来说具有较大的危险性，因此教师应当考虑到这一点，从而将这些道具替换成更加安全的道具，这样少年儿童就能够在一个安全的环境中快乐地领悟到很多的人生道理。

（三）角色游戏促进培智少年儿童社会性发展的具体措施

1. 在角色游戏中引导少年儿童明事理

在角色游戏中，少年儿童可以根据教师的安排或者自己的意愿，来选择自己想要扮演的角色。不同的角色就会承担不同的责任，并且要按照规定说指定的话和做指定的事情。比如，扮演在马路边捡到一角钱的少年儿童就应该把自己捡到的钱这一道具交给扮演警察的少年儿童，而如果在这里教师没有对少年儿童进行引导，只是单纯地让他们把动作做了、话说了就了事的话，其实根本无法达到让他们产生社会性发展的目的。在这个时候，教师应该引导少年儿童明白，在这个角色游戏中，捡到钱的小朋友为什么要把钱交给"警察叔叔"，在这种发问和引导之后，少年儿童就会明白，拾金不昧是一种美德，自己也要做一个拾金不昧的人。这样的引导让他们既得到了游戏的快乐，又得到了教育，对于少年儿童的社会性发展来说是大有益处的。

2. 在角色游戏中引导少年儿童重情感

在角色游戏中，一些教师往往因为过于重视对少年儿童道德感的教育，就会忽视对他们的情感教育。其实对于少年儿童来说，他们并不能很好地分辨人与人之间的感情，因此在角色游戏中，教师应该同时兼顾情感教育。在角色扮演的时候，教师可以选择一些体现友情的故事，如桃园三结义，虽然少年儿童可能不理解整本的"三国演义"，但是对于刘、关、张三人结拜成为朋友的这一个故事，却是可以接受的。少年儿童在角色扮演时，教师可以对他们进行引导，让他们明白友情的珍贵性，从而懂得珍惜自己的朋友，少打架，多传递温暖与爱意。这样在少年儿童小小的心灵就埋下了一颗关于友谊的善的种子。

3. 提供完备合适安全的角色游戏道具

为了让培智少年儿童更有参与感和真实感，教师应该提供合适的、更加逼真的道具，这样少年儿童看到制作精良的道具就会很容易代入到实际的生活场景中，只有真正入戏了，他们才会对这些道德和情感有更深入的理解。但是，有一些道具可能会产生一定的危险性，如如果警察使用的警棍过于逼真就会造成危险，因此这类道具要替换成没有电也没有危险性的道具。教师也要认真监管少年儿童，随时注意他们的情况，防止道具对他们造成伤害。

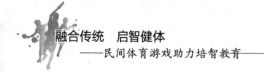
4. 有针对性地对角色游戏进行安排

在现实生活当中，有些少年儿童不善于自我表达，但在进入到角色游戏活动后，他们往往能够披上其他角色的外衣，脱下教师或者家长的束缚，逐渐变得胆大，无拘无束地对角色进行扮演和表达。例如我班级中有个孩子平时比较缺乏自信，尽管内心存在较为强烈的表达需求，然而无法与伙伴们进行自然地沟通与交流。一次，教师在组织少年儿童开展《丑小鸭》阅读活动时，对这一故事进行了角色游戏，让这个孩子对其中的角色进行了扮演。这个孩子能够置身其中，从开始的自卑到逐渐抬起头，再到无拘无束地对角色进行表达，随着故事的推进，"丑小鸭"意识到自己其实就是一只"白天鹅"，他也能够在情境当中获得感悟，收获自信，逐渐打开与别人沟通的大门，能够更好地与大家进行交流。

只有教师积极探索角色游戏对于少年儿童社会性发展的促进措施，在角色扮演中引导少年儿童明事理、重情感，为少年儿童提供完备合适安全的角色游戏道具，这样才能促进培智少年儿童的社会性发展，使他们逐渐成长为明事理、重情感的社会中的一员。

第四章

培智学校民间体育游戏
课程内容的确定

民间体育游戏要融入培智学校教育，成为其课程内容，有些民间体育游戏内容与模式可以直接拿来用，但是更多的民间体育游戏需要根据培智学校学生特点进行收集筛选，然后进行创编，使其更契合时代要求，也更符合特殊教育的儿童成长要求。

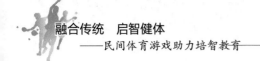
第一节　培智学校民间体育游戏的收集、筛选

在对培智少年儿童进行传统民间体育游戏的教学过程中，教师要能够做好相应的收集工作，把适合少年儿童进行活动的民间体育游戏进行整理和分类，使少年儿童可以在学校的时候进行充分的运动。随着现代高科技的发展，每个培智学校都可能会配备一些电子类的游戏器具，但是这种游戏会限制少年儿童的运动范围，所以教师要利用民间体育游戏与培智学校的课程进行结合，为少年儿童整理出更适合他们的游戏方案。例如，教师可以寻找相应的传统节日、民间体育游戏有舞狮、舞龙、龙舟、高跷等，体育游戏有跳皮筋、踢毽子、投壶、拉力球、呼啦圈等，在一定区域内活动的游戏有过家家、五子棋、兽棋、贴鼻子等。课堂上可以采取的教学游戏有老鹰抓小鸡、打地鼠、听数抱团等游戏。教师要能够使少年儿童对这些游戏有充分的认识，要做好收集工作并且将游戏进行分类，提高课堂的教学效率，全面培养少年儿童的德智体美劳。

民间体育游戏是游戏的重要组成部分，对锻炼少年儿童的身体，培养其合作意识等都有极大的促进作用。教师要注重不断提升民间体育游戏的趣味性，使少年儿童拥有强烈的参与兴趣，这样才会推动游戏活动的有效开展。另外，教师要注重结合少年儿童的理解能力，合理运用教育手段，使少年儿童对民间体育游戏的玩法、规则等进行充分理解，体验到游戏的乐趣，这样才会使少年儿童的各项能力及身体素质不断增强。各年龄段结合主题活动要求，经过研讨整理出来的且已经开展过的或正在开展的民间体育游戏内容列举如下。

低年级的基本要求：游戏内容具有情境性；玩法简单，规则简单；可以进行走、跑、跳、钻等简单的动作。推荐内容："小老鼠上灯台""猫捉老鼠""跳格子""捕鱼""赶大车""吹泡泡""红灯绿灯""大饼油条""走木桩""拉钩上吊""拉大锯"等。

中年级的基本要求：有初步合作的要求；玩法简单明确，规则简单；促进动作灵敏、协调。推荐内容："丢手绢""金锁银锁""荷花几时开""石头剪刀布""跳房子""抬花轿""揪尾巴""炒黄豆""炒豆豆""跨步子""黄狼偷鸡""抽陀螺""猫抓老鼠"等。

中高年级的基本要求：有竞争性、合作性；能培养特殊儿童大胆、自信、勇敢等个性心理品质；游戏玩法、规则相对复杂，并可改编或创编。推荐内容："扎手帕""木头人""老鹰捉小鸡""踢石子""占房""'盲人'击鼓""丢手绢""贴膏药""脚尖脚跟脚尖跳""拍手背""踩高跷""翻纸片""跨步扔沙包""踢毽子""扔沙包""顶沙包""夹包跳""跳绳""滚铁环""跳竹竿""抓石子""吹羽毛""弹蚕豆""跳橡皮筋""舞龙""舞狮""两人三足"等。

一、完善游戏规则激发参与兴趣

有效开展民间体育游戏，培智学校教师要进一步提高游戏的趣味性，使少年儿童对民间体育游戏充满兴趣，全身心参与到游戏中，这样才会使游戏活动的实效性明显提高。以往，教师通常是讲解游戏玩法后，带领少年儿童参与游戏，部分少年儿童并不能全身心参与其中，游戏目的也较难达成。鉴于少年儿童的实际情况，教师要注重完善游戏规则，使少年儿童对民间体育充满兴趣。少年儿童通常十分喜欢受表扬、得奖励，教师可以在开展游戏时，对获胜的少年儿童予以奖励和表扬，有效激发少年儿童的参与兴趣，促使其积极参与游戏活动，同时有效增强其身体素质。

以"滚铁环"的民间体育游戏为例，"滚铁环"是利用一根顶端有弯槽的铁棍，推动一个直径为一尺长左右的铁环向前方滚动，使铁环滚动距离最长者即为胜利者。开展游戏活动时，教师要选择宽阔的游戏场地，根据少年儿童人数准备铁环及弯槽铁棍，并准备少年儿童十分喜欢的毛绒玩具作为游戏奖励。一切准备就绪，教师宣布游戏玩法和规则："将铁棍的顶端放在铁环的底部，推动铁环向前移动，倘若铁环中途与铁棍脱离，就需要回到游戏起始点重新开始游戏。谁滚动铁环的距离最长谁就获胜，还可以得到一个可爱的毛绒玩具。"接着，教师示范操作，展开游戏活动。在完善游戏规则的作用下，游戏会有效激发少年儿童的参与热情，让其全身心参与到游戏中，并有效增强身体素质及协调力。

二、立足游戏难度转变教育手段

民间体育游戏种类较多，部分游戏的玩法对于少年儿童而言较难充分领会，仅通过教师的讲解，少年儿童并不能充分理解和记忆。教师只有让少年儿童对游戏玩法完全理解，才会使游戏活动有效开展。鉴于此，教师可以转变游戏导入方式，将以往讲解、示范的方法，转变为应用多媒体视频播放游戏的方式，再进行讲解和示范，就会使少年儿童快速领会。教师立足游戏难度转变教育方式，不仅会使少年儿童积极参与民间体育游戏，还会使其更多地体验游戏乐趣，并同步提高身体的灵活性。

以"地雷爆炸"游戏为例，"地雷爆炸"游戏由少年儿童分别扮演追逐者和逃跑者，逃跑者可以四散跑，追逐者只要抓到其中一个逃跑者就可以视为取胜。逃跑者也有保护自己的方法，即还未被追逐者追到时，及时下蹲并喊出"地雷"两字，追逐者就会放弃对其追逐。而"地雷"需要有其他同伴拍其身体一下，并喊"爆炸"，就可以将其解救，继续做逃跑者。而追逐者抓到逃跑者后，逃跑者就要与追逐者互换身份，继续追逐游戏。"地雷爆炸"游戏流程相对复杂，开展游戏时，教师可以先与少年儿童互动："大家知道地雷吗？地雷爆炸后会怎样呢？"再对地雷爆炸的情节加以讲解。然后，再播放游戏视频，并介绍游戏，引导少年儿童观察游戏过程，使其对游戏形成初步认知。接着，教师再与其中一个少年儿童示范游戏的玩法，就会让少年儿童充分理解。此时，教师再说明游戏规则，并通过猜拳的方式先决定出逃跑者和追逐者，展开游戏活动，就会使少年儿童积极参与到游戏活动中，并不断提高跑步能力。

三、立足少年儿童实际情况引入游戏

现今少年儿童在家庭中通常是独生子女，在两辈人的呵护下成长，部分少年儿童的自我意识比较强烈，合作意识淡薄，少年儿童的成长非常不利。学校作为教育少年儿童的重要场所，要注重立足少年儿童的实际情况，设计合适的教育目标，这样才会利于少年儿童身心健康的成长。除了对少年儿童加以教导外，教师还可以通过开展合作类型的民间体育游戏的方式，使少年儿童认识到合作的重要性，让其树立合作意识。而且，游戏是少年儿童十分喜欢的活动，通过游戏可以有效激发少年儿童主动合作意愿，使教育效果事半功倍。

以"老鹰抓小鸡"的民间体育游戏为例，开展游戏时，教师可以先创设情境："一天，母鸡正带领小鸡在野外捕食，忽然被老鹰发现，老鹰想要抓小鸡当作美食，于是母鸡奋力保护小鸡……"此后，教师再引入游戏，由教师扮演猎人，让不同少年儿童分别扮演老鹰、母鸡、小鸡的角色，进入到游戏活动中。当"老鹰"超出一分钟的时间仍未抓到"小鸡"时，教师再以"猎人"身份，做出开枪的手势并喊出"砰"的声音，"老鹰"此时下蹲代表被"猎人"击中。接着，大家重新开始游戏。在游戏中，教师要把握少年儿童体力不支的问题。通过游戏不仅可以让少年儿童拥有愉快的体验，还能够有效培养其合作意识，让少年儿童对合作加深认知，既可以达到开展游戏的目的，又可以让少年儿童身体灵活性进一步增强，并进一步提高民间体育游戏活动的实效性。

四、改善环境，融入传统民间体育游戏

良好的游戏环境是重要的教育资源，它给少年儿童提供了便利的活动条件。游戏环境包括物质环境和心理环境，其中物质环境包括游戏的时间、空间、材料以及玩具。幼儿园环境主要包括教室区角、主题墙、走廊和田径场。环境创设应体现和符合游戏内容。幼儿园可以为少年儿童游戏创造有趣的户外环境，如在幼儿园进行境创设时，教师可以在宽阔的走廊以及操场上画上五颜六色的"点子""方格""圆圈"等，少年儿童入园、离园时，就会不由自主地玩上了"跳点子""跳格子""跳圆圈"之类的游戏；午间游戏时，少年儿童可以自由结伴玩"抓子""击鼓传花"等游戏；在一日活动的其他零散的时间内（如饭前饭后、离园等待）可以开展"找东西南北""石头剪刀布""木头人""金锁银锁"等不受时间、场地限制的游戏。此外，教师还可以在园内创设"民间体育游戏挑战区"，如在攀爬区，可以在攀爬墙增加木梯、吊环、绳子等材料，经改造后的攀爬墙有助于少年儿童攀爬；在空中也可以利用梯子、绳子、秋千等

材料添设高低落差的悬挂式绳梯，让少年儿童进行攀爬、吊、荡等形式的民间体育游戏；在地面上可以用木桩、可乐瓶等增设"梅花桩"，锻炼少年儿童的平衡能力。但在创设环境时，教师要始终遵循安全性原则。

五、收集筛选的部分民间体育游戏——以啦啦操为例

培智学校应重视体育课程开展，完善体育运动基础设施，为培智学生提供更安全的运动场地。培智教师要积极转变教育理念，正视民间体育游戏对培智学生的康复作用，创设更具应用性和趣味性的体育课堂，在趣味练习中不断渗透运动安全知识，提升培智学生的自我保护意识和能力。

教育部颁布的《特殊教育学校暂行规程》中明确提出："特殊教育学校要贯彻国家教育方针，根据学生身心特点和实际需要实施教育。"进而针对培智学生智力发育迟缓、运动能力不足、协调和平衡能力差的特点，将体育康复训练适时、恰当地引入培智学校教育中，是对新型特殊教育指导理念的贯彻落实，能有效锻炼特殊学生的心智，为其在将来可以更好地学习和参与社会生活"增砖加瓦"。基于此，笔者以啦啦操训练为例，就培智学校的体育康复训练实践论述如下，以期可以为特殊教育同仁和同类学校提供一份有价值的借鉴。

（一）加强教师的专业素质培训

在教育领域，教师是其中重要的教育践行者和领路人，要想做好特殊教育体育训练中的"啦啦操"教学，首先我们作为教师要掌握啦啦操的动作要领，清晰认知啦啦操对培智学生成长的重要价值，并遵循培智体育的康复和训练原则开展教育指导，在强化教师自身专业素养的同时，为后续的体育康复训练顺利和高质量开展做好铺垫。

学校在组织开展以啦啦操为主题的体育康复训练之前，学校方面特地邀请专业的啦啦操教练和特殊教育专家等，来学校为负责体育康复训练

的教师进行专业化指导，带领教师夯实体育康复训练的理论知识，细化、专业化啦啦操训练的每一个动作细节，并在教师完成具体的考核且达标之后，才允许他们将啦啦操训练引入实际的培智学生体育康复教学中，从而在有效强化教师专业素质的同时，保证康复训练内容的科学性，也在切实发挥啦啦操潜在教育价值的同时，保证培智学生在学习和练习中的安全性。

（二）发掘个性化体育训练内容

"世界上没有两片完全相同的树叶"，培智学校的学生由于疾病的种类、严重程度、性格和家庭教育环境等因素的影响，对体育训练的掌握速度、学习兴趣等也有很大的差异。教师要在充分认知培智学生个性特点的同时，主动进行个性化的啦啦操教育指导，适当降低培智学生的学习难度，使所有学生都能参与其中，都能有所收获。

例如，在实际的啦啦操训练中，会有一部分自闭症学生由于疾病的影响不喜欢参与其中，更不会跟随教师做动作。这时教师便不能强迫他们参与其中，以免引发更加恶劣的问题，而是应尊重他们的选择，允许他们按照自己的意愿游离于啦啦操的训练之外。但教师并不是置之不理，可以借助小组合作学习模式，将自闭症学生分到性格比较活泼、对啦啦啦操学习比较感兴趣的小组，利用同伴的引领作用和小组学习的氛围感染自闭症学生的情绪和行为，使其在日复一日的影响中不再抵触啦啦操，能够主动参与动作的学习。教师要切实借助个性化的行为引领推进啦啦操教学的有序进行，使每一个培智学生都能够从中有所收获、有所提升。

（三）创设多元的体育训练情境

创设积极的、恰当的学习情境可以增加活动内容的趣味性和新鲜感，同时可以进一步调动培智学生的活动参与热情。对此，在实际的啦啦操体育训练中，教师可以尝试在基本的动作指导中融入多元化、贴近培智学生认知的训练情境，从而使其可以在相对熟悉和有趣的环境，主动学习，达成事半功倍的学习效果。

例如，在啦啦操的基本动作指导教学中，会涉及对培智学生的平衡训练，这时教师便可以对枯燥的平衡训练内容进行游戏转化，引导培智学生开展"小白兔采蘑菇"的游戏活动。即让培智学生扮演"小兔子"，每人分发一个装蘑菇的小篮子，引导其按要求走过由平衡木、脚踏石等摆成的障碍路到规定的地点"采蘑菇"，然后再原路返回。在学生动作固定后，我们会设置好一些辅助练习，如在练习啦啦操中的"V"动作时，我们会用两个胶棒固定，让学生在做上"V"动作时每次都能固定把手抬到相应位置，达到肢体记忆的效果。

（四）重视家庭教育资源的开发

家长是学生成长过程中的第一任"教师"，同时相对于正常学生来讲，培智学生对家长的依赖和信任更加强烈。在实际的啦啦操体育康复训练中，我们教师不仅要做好校内教育指导，还要主动联系家长，使家长在了解学校教育内容和教育意图的同时，能够配合学校做好对孩子的家庭体育训练指导，以保证体育康复训练的完整性、延续性和有效性。

例如，培智学生对于啦啦操的感知速度比较慢，但是遗忘速度特别快，在学校虽然能看到一定的训练成效，但一遇到周末或者寒暑假期，很多培智学生都会忘记具体的啦啦操训练内容。在实际的教学指导中，我们教师就要主动建立与学生家长之间的直接联系，引导家长在每一次的训练结束之后，带领或者陪伴孩子在家练习，并对照微课视频中的重难点讲解，给予孩子有针对性的指导，以帮助孩子复习和强化啦啦操的动作要领，也进一步促进家校共育关系的构建，携手共助培智学生的良性成长。

将啦啦操引入特殊学校体育康复训练中，给传统的体育教学注入了勃勃生机，特殊学生不仅积极参与，还乐在其中。我们作为新时期的专业教

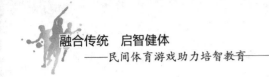

师，要在积极学习、有效探究的过程中，付出自己的耐心、爱心与恒心，在指导培智学生掌握啦啦操动作要领的同时，使其可以从中收获运动的快乐和学习的自信，并在推进特殊教育学校康复训练效率稳步提升的同时，引导培智学生在将来可以勇敢、坚定地"走"向社会、融入社会。

六、改编和创新民间体育游戏的实施措施和成效

（一）转变观念，提高认识，激发教师开发利用民间体育游戏的积极性

根据孩子的年龄特点，我们采用不同的活动形式开展民间体育游戏，主要利用集体活动、区域活动、亲子活动等不同的形式组织，以满足孩子的个体差异。

1. 集体性活动

培智学校集体活动，即教师有目的、有计划组织的所有特殊儿童都参加的活动，主要是引导特殊儿童掌握一些民间体育游戏的基本玩法，树立基本规则意识，并体验集体游戏的乐趣。比如，为完成中年级促进动作发展目标"跑"——"在一定范围内四散地追逐跑"，我们可以按各班情况分别选择"抓鱼""荷花荷花几时开""贴大饼"等民间体育游戏。通过生动有趣的游戏，特殊儿童能在愉快的嬉戏中发展跑的动作，达到预期教育目标。

2. 区域性活动

活动区是孩子自由建构的乐园，为丰富活动内容，我们可以在益智区内适当地选择一些发展特殊儿童肌肉或手眼协调能力的民间体育游戏性质的桌面游戏，如"挑棍""弹蚕豆""抓子儿"。比如，民间体育游戏"挑花绳"能让短短的一根线变幻出各种形状，深受特殊儿童欢迎，而且材料简单，安全易使用。该游戏可单人进行，也可在2～3人中进行，能增

强手指的灵活性，发展特殊儿童的想象力，同时能让特殊儿童产生一定的成就感。每天吃完中饭后，很多中高年级的孩子都会选择玩"挑花绳"的游戏，看着绳圈在自己双手下被挑成诸多不同的形状，心里都乐滋滋的。

3. 亲子活动

在亲子活动中，家长们重温经典民间体育游戏，勾起了对自己美好童年的回忆。在引导孩子游戏时，家长的那股认真劲儿让人感动。这些民间体育游戏使亲子间的沟通与交流更为自然，关系更为密切。它真真实实地在孩子与家长之间架起了心灵交流的桥梁，使孩子的情感得以更健康地发展。

（二）实践研究，校本课程民间体育游戏改编与创新的成果展示

1. 通过开展教研活动，提高了农村特殊儿童教师开发民间体育游戏的积极性

根据农村特殊儿童学生户外活动场地大和特殊儿童的年龄特点，教学采用了大量的民间体育游戏。农村资源，如用竹子做成高跷、用梯子搭成小路、用稻草堆成小山等，开展了许多丰富多彩的体育游戏活动，让特殊儿童在玩耍中学会攀爬、钻、平衡、堆积，在玩耍中发展特殊儿童的交往、合作、动手、创新能力。

镇教研活动"民间体育游戏"专题研讨会，使教师亲身感受到了农村特殊儿童学校自然环境的优势，使他们认识到要改变活动材料少的现状，只靠伸手要钱是不够的，更重要的是靠开发利用农村所具有的优势，就地取材，变废为宝。

2. 通过开展亲子民间体育游戏活动，架起孩子与家长之间心灵交流的桥梁

亲子民间体育游戏是促进和改善亲子关系的载体，可以增进亲子之间的交流，还能加强家长与教师之间的沟通交流。注重挖掘、整理、实施民间体育游戏，通过教师与孩子、家长的共同参与、改编、创新和发展，在

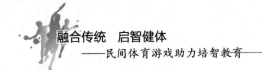

亲子活动中不断丰富、创新民间体育游戏的内容，是本阶段的研究重点。例如，请爸爸、妈妈来园参加我们开展的亲子游戏，并进行一些亲子大比拼活动，由于是亲子游戏，在比拼中，家长和孩子不断地互动，无论是在平衡能力上还是在反应能力上，孩子们都有了很大提高，还拉近了彼此之间的距离。在孩子们眼里，他们说大人们愿意和自己玩了，也喜欢和自己商量了，变得容易接近多了，在民间体育游戏中自己和爸爸妈妈这些大人们都成了小孩子了。民间体育游戏使得大家在心理上达成了平等的交流。

第二节　培智学校民间体育游戏的创编

在选择民间体育游戏的过程中，笔者会发现若是按照已有的游戏来安排，则会存在游戏内容不太适合学生玩或者游戏方式过于陈旧等问题，因此有必要对其内容进行创编。

将传统民间体育游戏进行改编可以使少年儿童适应社会发展的趋势进行学习，教师也可以把课程当中的一些知识融入民间体育游戏，培养少年儿童的观察和探究能力。

一、对传统民间体育游戏的内容进行改编创新

教师可以根据教学实际情况，对传统民间体育游戏内容进行创编。

对民间体育游戏的内容进行适宜的改编与创新可以运用组合法、拓展法、发散引导法三种方法。组合法是把两个或两个以上的游戏或动作技巧，根据本班特殊儿童的实际发展水平有机地组合在一起。例如，从特殊儿童的兴趣出发，教师可以把"石头、剪刀、布""抛纸球""跳格子"这三个游戏组合在一起，并由特殊儿童和教师共同制定新的游戏规则。再如，孩子们最喜欢玩的"黑白配"也被组合到各项活动的分配角色环节，

培养了孩子们的规则意识。拓展法是根据具体游戏的具体内容，在保持原有游戏结构完整的基础上，对其游戏的整体内容进行适宜的拓展。例如，"木头人"游戏受到了孩子们的喜爱，但由于其游戏的童谣内容虽有情趣却不太符合当代特殊儿童的精神需求，我们将童谣进行改编并将整个游戏的内容做相应的拓展。发散引导法是根据特殊儿童在游戏中的实际情况，引发其根据一个游戏项目发散想象出不同的游戏内容。例如，特殊儿童在"举重器"的游戏中，教师积极鼓励和引导特殊儿童创新出举重器的不同玩法：让孩子双手提着举重器在梅花桩上走，并为游戏起了个男孩子最喜欢的名称"少林小子"。这些方法的运用使特殊儿童民间体育游戏的内容更为丰富和灵活，更受孩子们的喜欢。

二、对传统民间体育游戏的形式进行改编创新

与现代环境下多元化的游戏形式相比较，传统的民间体育游戏形式比较单一，因此教师在组织少年儿童开展传统民间体育游戏时要在形式上进行创新。比如，可以变换游戏的组织形式，以此来提升传统游戏的趣味性，使游戏教学取得更好的成效。

对民间体育游戏可以着重从游戏的组织形式、游戏人员参与的形式和材料投放的形式三个方面进行改编与创新。在游戏的组织上，采取把一些不同类型的游戏有机地联系在一起的方法，如把"小老鼠上灯台"这个童谣说唱游戏改编成体育游戏。首先把其童谣做改编，把最后一句"叽里咕噜滚下来"改编为"叽里咕噜跳下来"。教师引导特殊儿童练习从高处往下跳。后来根据特殊儿童的动作发展，我们又将"叽里咕噜跳下来"改为"叽里咕噜翻下来"，即在原有动作的基础上再加上前滚翻的动作。在游戏中，特殊儿童不仅得到了游戏性的体验，其跳、滚动作也在游戏中得到了自然的发展。比如，在设计民间体育游戏"玩绳"过程中，我们在如何

将传统民间体育活动玩出新意上做起了文章，从开始的传统游戏"跳绳"到让特殊儿童将绳子绕在身上，创编出游戏"抽绳"，再到联想利用绳子的外形特征创编出民间体育游戏"捕蛇"，最后考虑将时代发展的元素融合进来，设计了本次活动"玩绳"，课题组的老师们一次次地讨论、一次次地组织游戏、一次次地评价游戏，重复地讨论、设计、反思、修改……有些游戏采取混龄游戏的方式进行，如在开展"老鹰抓小鸡"的游戏时，由低年级特殊儿童扮演小鸡，让低年级特殊儿童去请中高年级的特殊儿童分别扮演老鹰和鸡妈妈。

许多传统民间体育游戏都制定了一定的活动规则，在活动的过程中，教师可以在原有规则的基础上进行改编创新，根据玩的场地、人数进行重新分工，为保证游戏的顺利开展，每个少年儿童都必须遵守新制定的规则。为了确保游戏的顺利进行，少年儿童往往需要协商解决争议，学习解决在新游戏中的突发情况，不断提高自己控制情绪的能力、克服困难的决心，体验共同游戏的快乐。

三、对传统民间体育游戏的材料进行改编创新

民间体育游戏本身就具有发展性，游戏材料也应逐渐创新丰富。

我们在游戏材料投放的形式上，在尊重特殊儿童选择的同时，以投放天然的和半成品材料为主，并尽力为特殊儿童创设轻松愉悦的环境，使特殊儿童能自发、积极地动手动脑，让其在操作材料的过程中，发现和"制造"出新的玩具，并制定出新的游戏规则与玩法。

随着游戏材料的日益完善，许多新的民间体育游戏正在悄悄诞生，如游戏"抓辫子"用的材料毛线就是比较老套陈旧的，可以用一些环保、好用的材料（软球就不错），也可以根据小朋友的实际情况变换合适的材料。

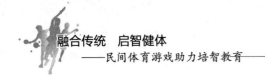

民间体育游戏之所以会被作为现阶段少年儿童在日常生活中玩耍的主要形式，完全取决于民间体育游戏所需要的材料都是一些比较简单的，并且是很容易携带的材料，这种优势是一些需要利用体育器械进行的活动所无法比拟的。利用少年儿童学习品质的提升，使教师的专业水平有所提高，带动幼儿园质量的提升。

四、对我国传统节日中的体育活动所包含的教育资源进行挖掘

我国很多的传统节日中都是包括体育活动的，经过时间的沉淀，其形式变得丰富多彩起来。作为教育工作者，幼儿园教师应从我国各民族以及各地区的现存传统节日中去了解、学习其中蕴藏的体育活动，要对这些活动的文化内涵进行充分的挖掘，对其中的运动技能、体育精神两个方面也不能忽视；根据这些内容，研究并制定适合在智培学校里开展的体育活动。我国的传统节日中有很多形式丰富的体育活动。例如，在正月十五的时候，有的地方有扭秧歌、舞龙舞狮的习俗；在清明节的时候，有放风筝、踏青等习俗；在端午节时候，有龙舟比赛。

在这里着重讲一下端午节的时候举办的划龙舟比赛。它最早起源于我国的春秋战国时期，刚开始只是民间对于送灾的一种形式，经过长时间的流传，逐渐发展成带有娱乐性、竞技性、表演性的端午节体育活动。这项体育活动包含了"争"与"斗"的深厚含义。我们现在把龙舟竞赛作为一项正式的体育运动，在每年的端午节举行。这正是对民间体育游戏在培智学校体育活动中的创新与应用的一个良好表现；同时将传统节日的文化内涵表现出来。在这项具有创新的体育活动当中，参与其中的运动员要掌握基本的体育技能以及划船技术。这项运动是集健身、健美、娱乐于一体的有氧运动，使运动员的全身肌肉都得到了锻炼，使运动员的肩部、腰部、

股四头肌、髋关节肌肉群、背部肌肉等的运动能力都得到增强。因此，将这项传统的民间化育游戏融入培智学校的体育活动当中的时候，要先让孩子们学会划船的动作，锻炼孩子们的手脚协调能力。还要孩子们学会齐心协力，合作共赢，一起努力，这样才会取得比赛的胜利。同时可以让孩子们把这种精神继承下去，发扬光大。

五、民间体育游戏创编原则

在创编游戏的长期实践中，人们积累起来的具有普遍意义的经验总结和概括，是游戏创编过程客观规律的反映，是创编游戏必须遵循的原则。而开发校外资源，创编更具实效性的游戏，调动学生学习的积极性，使课堂变得生动活泼，让学生在轻松、愉快的氛围中更好地表述交流五个维度的学习目标，是学生自我发展的需要，也是新课标对教师提出的要求。在教学实践中，笔者利用创编游戏进行教学，达到了寓教于乐的教学效果。

（一）游戏创编要考虑学生锻炼性原则

为体育的目的、任务服务的游戏大都应具有锻炼身体的价值，这是最基本的要求。贯彻锻炼性原则应考虑如下两个方面。

（1）明确游戏的主要锻炼目的。游戏的锻炼目的是多方面的，但其中总有一个主要目的。有的游戏以发展学生某种素质为主要目的，如奔跑类游戏中的迎面接力赛、接力跑、四角接力等；有的游戏以发展某种能力为主要目的，如跳跃类游戏中的集体跳绳、跳绳接力、运球接力等；有的游戏以掌握某些基本技术动作为主要目的，如球类游戏中的运球接力、足球绕杆接力等；还有的游戏以集中注意力或以放松为主要目的。

（2）根据锻炼目的和参加游戏者的生理、心理特点确定合理的组织形式和运动负荷。有的游戏活动量较大，学生本身由于全身心地投入游戏，对活动量很难控制。例如"大渔网"游戏，一些学生在场地上尽情奔跑，累得汗流浃背，"渔网"随着游戏的逐步发展也越来越大，步伐移动的速度会慢下来，显得不如开始灵活。如果不能迅速把"鱼"捕光，而是双方较长时间地对阵，就会出现疲劳过度的现象，或者由于"网"破而使"鱼"逃走，最后游戏扫兴收场。为了防止发生上述现象，教师应把场地缩小并改为圆形。这样"鱼"的活动范围受到一定的限制，"捕鱼"的成功率便大大提高，并在无形之中控制了活动时间和活动量，学生在游戏中还会兴高采烈、心情愉快而不知疲倦。

（二）游戏创编要考虑学生教育性原则

具有思想教育价值是创编游戏时必须考虑的一条重要原则。这是由社会主义教育性质所决定的。当然游戏的思想教育不应牵强附会搞形式主义，应从游戏的名称、内容、方法、规则、情节和游戏的赏罚等方面考虑，设计简单易行的、适合不同教材的游戏活动，使学生在公平合理的条件下竞争，这样不会影响学生的情绪，也不会因同学之间争吵而干扰教学。例如，在投掷教学中，教师根据投掷的要求，编排设置了"投掷目标""炸碉堡""消灭害虫"等符合学生年龄特点的游戏，满足了学生的好奇心和求知欲，使他们在游戏中掌握了投掷技能，也得到了思想教育。再如，"打醉汉"游戏，若改为"打歹徒"就有意义得多了。所以，教师创编游戏要考虑对青少年的教育作用，防止产生消极的不良影响。

（三）游戏创编要考虑学生趣味性原则

趣味性是游戏的突出特点，是人们普遍喜爱的，也是创编游戏所追求的。如果缺乏趣味性，对学生没有吸引力，游戏就没有生命力。趣味性与游戏对象的年龄特点有密切联系。加强游戏的趣味性一般从竞争因素、对抗程度、故事情节和趣味动作来考虑。趣味动作的难度、新颖性、惊险性和象征性都有助于提高游戏的趣味性。例如，立定跳远是初中生基本的跳跃练习内容，教师上课时，让学生扮演小猫，教师演大猫，很自然玩起了学生熟悉的"小猫钓鱼"游戏。当"大猫"跳上"河"中的"船"时，要双足并拢、屈膝下蹲，"小猫"们也纷纷效仿，不一会儿，所有的学生就都学会了"立定跳远"的动作要领。再如，教师根据跳远的要求，设置"青蛙跳荷叶"游戏，使学生在情境中自然地学习知识，掌握技能。

（四）游戏创编要考虑学生启发性原则

加强对学生思维能力和创造能力的培养，是现代教育的一个重要特征，游戏正好具有这一功能。为了充分发挥游戏的这一功能，教师在创编游戏时应当在完成游戏的方法上留有余地，让游戏参加者有施展创造能力的机会。例如，分队比赛的游戏采用各队自行安排上场队员的方法，创造如"孙膑赛马"一样的条件，给学生充分发挥聪明才智的机会，而不要规定得太死，限制学生的积极思维发挥。

在继承中创新，在变化中发展，这是新课程的指导思想。我国有许多传统游戏，像"老鹰抓小鸡""钓鱼""丢手绢"等一直受到广大教师和学生的喜爱。今天我们再玩这些游戏的时候，完全可以在原有的基础上进行改编、创新，使学生在活动中尽情参与，从而提高学生主动参与的兴趣，培养学生的各种能力。例如，教师在游戏中可以规定"小鸡如何捉老鹰"、被捉的"小鸡扮老鹰"等各种情境，使学生的主体地位得以充分体现。再如，"空中运西瓜"游戏，是排尾的学生将西瓜（球）从头上向前传，一直传到排头为止。根据要求，游戏可以创新为：背对终点，从身体的左、右、头上向后传，在教室的座位上进行头上、左侧、右侧传球。类似这样，学生在课余时间玩的游戏里也有好多可取的素材，教师加以改编就是很好的游戏了。

（五）游戏创编要考虑学生针对性原则

创编游戏必须明确游戏的对象，不同的对象对游戏的要求有很大的差别。男生喜爱的游戏，女生不一定喜欢；儿童喜欢的游戏，成人未必感兴趣；适合少数人活动的游戏，不一定适合班级教学。因此，创编为教学服务的游戏必须根据教学任务和教学对象的年龄特征，针对不同年龄组学生的生理、心理特点和班级教学的实际，考虑参加游戏学生的活动体力、智力和接受程度等方面的程度，创编具有实效性的游戏，才能达到预期的教学效果。一个游戏有多重作用，具体到一节课上，教师应当有所侧重。例如"打尾龙""投沙包"游戏，既要训练学生投掷和躲闪（沙包）的能力，又要培养学生团结合作、顽强拼搏的精神。假如"投沙包"这个游戏的教学目标是发展学生的投掷能力，就要把全班四五十个学生分成四个组同时进行游戏，这样学生投掷（沙包）的机会就比全班在一起增加四倍以上；如果这个游戏的重点是提高学生的躲闪能力，那么在圈内的学生就要经常轮换，使每个学生都能得到多次锻炼。因此，游戏创编要有针对性，这是编好游戏的关键。

（六）游戏创编要考虑学生安全性原则

安全性原则是与体育教学中游戏的根本目的相一致的。尤其是青少年儿童，游戏教学中更要注意贯彻安全性原则，防止出现伤害事故，影响学生的身心健康和文化学习。

（1）明确设计游戏动作的危险程度能否为游戏对象所承受。例如，"斗鸡"游戏中，采用单脚站立互碰膝盖的动作，就容易造成膝关节的受伤。

（2）明确游戏对场地器材的要求是否符合安全性原则。例如，比赛时游戏的往返路线的规定，小组与小组之间的间隔、距离是否合适；器材的重量和规格是否符合要求等。

（3）明确游戏的组织方法是否合理。例如，投掷游戏的队形排列是否有漏洞；在接力游戏的接力区，队员是否有相撞的危险。在游戏教学中，教师要及时发现，并纠正，防止学生受伤。

（4）明确游戏的规则是否符合安全要求。凡是游戏中容易出现的危险动作，规则中应有明确的规定或罚则。例如，追拍游戏中不准打人、推人、左右碰撞等，丢沙包游戏中不准往脸部及头部打等。教法提示中针对容易出现伤害事故的游戏提出了措施。

六、民间体育游戏改编和创新今后的方向

随着特殊儿童幼儿园园本课程的开发和实践，我们不难发现在特殊儿童幼儿园园本课程中的民间体育游戏给予我们的探索空间是无限的。在短短的一年中，以上还只是研究路上的一点小花，随着研究的深入，有些民间体育游戏可在若干个年龄段同时进行。应如何融合？在主题活动中如何进一步拓展民间体育游戏？民间体育游戏的创新不仅仅在游戏内容和形式上，在其他方面是否可以再次创新呢？这些都是我们的困惑，也是今后探索与研究的方向。我们教研组预想将来能把我们的第一手材料留下来存档成册，并将可行性的材料真正地在特殊儿童幼儿园里实施利用起来，不断加强民间体育游戏类园本课程的开发和完善。

在那遥远的童年时代，印象最深刻的就是一有时间便和邻居小伙伴们在空气新鲜、阳光充足的空地上、院子里玩踢毽子、跳房子、捡棋子的游戏。民间体育游戏具有浓厚的区域文化气息，玩法简单易学，趣味性强，材料简便，不受人数、场地、环境限制。此外，民间体育游戏氛围相对宽松，特殊儿童有更多自由选择的机会，在玩民间体育游戏的过程中特殊儿童的动作技能以及合作能力、解决问题能力等都能够得到有效的发展。

七、民间体育游戏创编案例——丢沙包

游戏背景：

随着经济的发展，生活环境的改善，各种玩具、运动器械逐渐取代

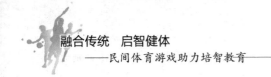

了民间体育游戏，为了传承体育游戏，让特殊儿童感受民间体育游戏的乐趣，我们以丢沙包为例和孩子们一起对传统的民间体育游戏进行了新的探索。

游戏名称：丢沙包。

游戏材料：沙包。

游戏场地：空地（教师提前在地上布置好两根线）。

游戏核心价值：

（1）促进特殊儿童运动技能的发展，如投掷、跳跃、躲闪等。

（2）促进特殊儿童社会性的发展，如合作、协商等。

在明确游戏核心价值的基础上，教师和学生一起对游戏的玩法、规则进行了探索。

（一）探规则，重自主

1. 注重生活经验，探索沙包的玩法以及辅助材料的作用

在游戏开始之前，教师先让特殊儿童说说沙包的玩法。有的孩子说沙包可以用来投掷，有的孩子说沙包可以和毽子一样踢，还有的孩子说沙包可以两人一组一个人扔一个人接。在了解了沙包的玩法之后，教师又让特殊儿童看了看地上的两根线，我们一起讨论了地上的两根线有什么作用。有的孩子说是起点和终点，有的孩子说是分割线把不同班级的人分开来，还有的孩子说是表示玩游戏的时候要站在两线之间。有了上述的交流，我让孩子们自由分组，探索沙包和地上的线结合起来有什么玩法，一组五个人，每组只有一个沙包。

2. 自主分组尝试，明确游戏角色

在特殊儿童第一次尝试的时候，在分组之后三组孩子都经历了协商、分工的阶段（表4-2-1）。在协商的过程中，其中第二组特殊儿童发现了问题，他们想进行投掷，扔的人站在一条线的外面，但是他们没有投掷的

目标，于是他们向教师进行了求助：我们想扔沙包但是没有东西可以给我们打。于是教师引导他们：你们这么多人都要扔沙包吗？只有一个沙包，这么多人都来扔沙包可能要排很久的队。其中一个孩子回答道：那就有几个人扔沙包，另外几个人站在对面当靶子。于是，教师进一步提问：对面的人就站在那里给你们打吗？站在对面的人可以做什么？于是孩子们马上明白了，站在对面的人可以躲避他们扔过来的沙包，于是教师让这组特殊儿童进行了尝试。

表4-2-1　分组

预设	现场
（1）特殊儿童会出现有人扔，有人接的合作游戏。 （2）特殊儿童会出现单纯投掷沙包的游戏。 （3）特殊儿童会出现有人扔、有人躲的合作游戏。 （4）特殊儿童会出现随意玩的情况	（1）一组特殊儿童出现了有人扔、有人接的合作游戏，但是扔的特殊儿童站在一条线外，接的特殊儿童则随意走动。 （2）一组特殊儿童出现有人扔、有人躲的合作游戏，扔的特殊儿童站在一条线的外面，躲的特殊儿童站在另外一条线的外面。 （3）一组特殊儿童出现有人运送沙包的游戏

在平时的活动中，孩子们也经常会用沙包进行投掷游戏，而投掷的时候都会有一定的投掷目标，孩子们将生活中的经验迁移到此次的游戏中，但是在游戏中缺少孩子们心中的投掷目标，于是他们想到了向教师进行求助，通过教师的一步步引导让特殊儿童明确了游戏中的角色定位。

在第一次尝试之后，由于此次尝试的目的是让特殊儿童能够明确游戏当中的角色，因此，在尝试之后，教师让出现有人扔、有人躲的那组特殊儿童进行了示范，并且让其他特殊儿童进行观察，他们是如何进行游戏的，他们在游戏当中出现了什么问题呢？通过这组特殊儿童的演示，大家发现了他们有两个角色，分别是扔沙包的人和躲沙包的人，但是问题也随之而来，由于扔和躲的特殊儿童分别站在了两条线的外面，距离较远，因

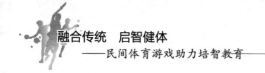

此扔的特殊儿童总是扔不到躲的特殊儿童那边，这就引发了特殊儿童的思考，到底在游戏当中应当如何利用地上的两根线呢？这也为第二次尝试提供了契机。

（二）探玩法，重个性

1. 探索角色站位，发掘个性玩法

在第二次游戏开始之前，教师先让特殊儿童进行了讨论，扔和躲的人应该如何利用两条线进行站位。通过特殊儿童的讨论，他们主要有了以下三种站位的方法：

（1）扔的人全部站在线的外面并且站在一边，躲的人都站在两线之间。

（2）扔的人站在两线之间，躲的人站在两线之外。

（3）扔的人分两边站在两线之外，躲的人站在两线之间。

根据特殊儿童的讨论，他们进行了新一轮的尝试，三种不同的站位就出现了三种不一样的玩法，游戏的材料也进行了相应的调整。

2. 发掘游戏问题，完善游戏玩法

玩法1：扔的人全部站在线的外面并且站在一边，躲的人都站在两线之间。

游戏问题：

（1）沙包数量少，游戏容易中断。

（2）躲沙包的特殊儿童没有界限，随意躲避，扔沙包的特殊儿童游戏成功率低。

解决策略：

（1）增加沙包数量，投掷沙包的特殊儿童可以轮流投掷，加快游戏节奏。

（2）教师引导特殊儿童充分利用辅助材料。

针对特殊儿童在游戏中发现的第二个问题，教师向特殊儿童进行了提问："你们是否利用到了地上的两根线呢？"很快就有孩子发现了他们现在的玩法只用了地上的一根线，还有一根线并没有发挥它的作用。于是，孩子们经过商量决定躲避沙包的人不能超过第二根线，也就是只能在两线之间进行躲避。为了增加躲避沙包特殊儿童的活动空间，教师和特殊儿童一起将两线之间的距离进行了扩大。

玩法2：扔的人站在两线之间，躲的人站在两线之外。

游戏问题：

（1）沙包数量少，游戏没有延续性。

（2）站在中间投掷的特殊儿童往一个方向投掷，导致站在另外一端的特殊儿童无所事事。

（3）躲沙包的特殊儿童没有界限，随意躲避，场面混乱。

解决策略：

（1）增加沙包数量，站在中间的特殊儿童人手一个沙包，可以朝不同方向投掷，两边的特殊儿童进行躲闪。

（2）被沙包打到的特殊儿童和中间投掷的特殊儿童交换角色，增加游戏的延续性。

（3）增加辅助材料，在躲避沙包的地方增加地上的界限，规定特殊儿童的躲避范围。

玩法3：扔的人分两边站在两线之外，躲的人站在两线之间。

游戏问题：躲避的特殊儿童忽视地上的界限，随意躲闪。

解决策略：提醒特殊儿童遵守游戏规则，躲闪的特殊儿童不超出两线之间。

（三）探方法，促动作发展

经过两轮的探索，孩子们已经掌握了丢沙包游戏中的游戏角色，也探索出了不同的游戏玩法。在孩子们游戏的过程中，我们发现扔沙包的孩子成功率并不高，有些孩子很用力将沙包扔到很远的地方，有些孩子则轻轻扔出去沙包根本没有扔到躲沙包的特殊儿童，还有一些孩子的投掷是没有目标地随意将沙包扔出去。于是，教师和孩子们进行了讨论：如何才能增加扔沙包的准确性呢？孩子们有的说要瞄准目标再扔出去，还有的孩子说扔的时候动作要快……于是，教师进行了进一步的提问：扔沙包的时候要瞄准目标，那么我们都可以瞄准躲沙包人身体的哪些部位进行投掷呢？有些孩子说可以扔他们的脚，有些孩子说可以扔他们的肩膀，有些孩子说可以扔他们的肚子等。针对不同的投掷目标，教师和孩子们共同总结了投掷的方法和躲避的方法（表4–2–2）。

表4–2–2　投掷的方法和躲避的方法

投掷部位	投掷方法	躲避方法
脚、腿、膝盖、胯部	身体弯曲，手臂垂直地面，单手投掷； 身体弯曲，单脚后撤，异侧手臂单手投掷； 身体弯曲，双脚分开，双手进行投掷	双脚分开、双脚起跳躲避，双脚起跳向左右两边跳躲避，侧身躲避……
腹部、手臂、肩膀、头部	双脚并拢，站立姿势进行单手投掷； 单脚后撤，异侧手臂举过头顶进行单手投掷； 身体弯曲，双脚分开，双手由下而上进行投掷	低头躲避，下蹲躲避，侧身躲避，向两侧移动躲避……

通过对不同身体部位的投掷，孩子们在游戏中能够掌握不同的投掷方法，发展了投掷和躲闪的运动能力，游戏也更加有趣、激烈。

在对丢沙包的游戏进行探索的过程中，最关键的地方是让特殊儿童明确游戏角色，有人扔沙包、有人躲沙包这是游戏能够开展的基础。在特殊儿童明确了游戏角色之后，教师围绕着游戏的核心价值让特殊儿童利用辅助材料自主探索游戏的玩法，并在探索的过程中和特殊儿童一起解决游戏中遇到的问题，不断完善游戏的规则。每个民间体育游戏都有自己的规则和竞赛因素，并且以儿童的体能锻炼和运动为主要形式。同时，每个民间体育游戏都具有促进特殊儿童社会性发展的作用。教师在民间体育游戏开展的过程中，要善于抓住民间体育游戏的核心价值，同时充分发挥特殊儿童的自主性，引导他们共同探索。

八、创新民间体育游戏案例

（一）毛巾拔河

游戏目标：锻炼儿童的抓握能力，提高上肢力量。

游戏材料：一条毛巾。

游戏玩法：

（1）孩子和家长面对面，双腿前后分开站立，保持重心下蹲。

（2）孩子和家长分别抓握住毛巾的一端，"1，2，3，拔河比赛开始咯。"

温馨提示：家长可以配合孩子的力量适当放松毛巾，增加孩子的自信心，鼓励孩子多坚持一会儿。

（二）毛巾运球

游戏目标：提升儿童的平衡感及手眼协调能力。

游戏材料：一条毛巾，若干乒乓球，一个小筐。

游戏玩法：

（1）孩子和家长面对面站好，将一个乒乓球放到毛巾的中间位置，两人双手分别抓住毛巾的两端运送乒乓球。

（2）游戏中需保持乒乓球不掉落，亲子协同把小球一个一个从起点运送到终点处的小筐内。

（3）如果中途乒乓球不慎掉落，需要回到起点重新出发，待小球全部运送完即为胜利。

温馨提示：家长可以根据孩子能承受的力度来选择运送球的多少，让

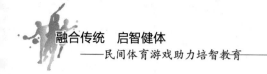

孩子有一个从易到难的阶梯体验。

（三）钻山洞

游戏目标：锻炼儿童的走、跑、钻、爬等综合技能，提高儿童身体的协调性和灵敏度。

游戏材料：一条毛巾。

游戏玩法：

（1）爸爸妈妈分立两边，将毛巾扯直，让孩子从毛巾下面用半蹲、全蹲等姿势钻过。

（2）游戏过程中可以假装孩子是小火车，跟他说"小火车要过山洞喽——嘟嘟——哐当哐当"，以想象的方式引导孩子爬过山洞。

温馨提示：可以根据游戏进展，适当调整"山洞"高度，增加游戏的趣味性。

（四）让毛巾飞

游戏目标：锻炼儿童的手部力量控制、手眼协调及反应能力。

游戏材料：两条毛巾。

游戏玩法：

（1）孩子和家长各自手拿一条毛巾。

（2）游戏开始时，两人分别将自己手中的毛巾向上抛，并在毛巾下落时用双手接住，不让毛巾掉在地上，如此反复。

（3）家长可与孩子比一比，看看谁毛巾抛得比较高，并且还能接得住。

温馨提示："让毛巾飞"游戏要选择在安全、宽敞的空间里进行，如果是在室内，大家一定要注意避开周围易碎易倒物品哦！

（五）抢尾巴

游戏目标：培养儿童的反应能力及身体灵活性。

游戏材料：两条毛巾。

游戏玩法：

（1）孩子和家长分别将毛巾塞到裤子后面当作"小尾巴"。

（2）两人面对面握住双手，家长数"1，2，3"后两人同时放手，即游戏开始。

（3）孩子和家长相互追逐抓对方的"小尾巴"，将对方的"小尾巴"抓下来则为胜利。

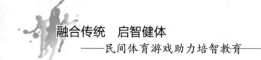

第三节　将民间体育游戏纳入
校本特色课程体系

校本课程本就是为了给有特殊情况的学生提供的一种特殊的权利，尤其是在培智学校中有着良好的应用空间。学校在进行校本课程设计的时候更应当根据学生自身的能力开展切实的设计工作。很多培智学校的校本课程仅仅是基于现有的教材来进行些许改革，但是这无法满足学生的根本需求，尤其是在体育课程教学中更需要相关教育工作者重视教学设计工作，确保能够给学生提供更加良好的条件，同时能够推动培智学校学生的整体运动水平的提高，因此有必要明确培智学校体育教学校本课程设计。

一、校本课程设计要尽可能满足学生的需求

培智学校中的学生通常由于各种外在条件以及各种原因存在一定的智力缺陷，这些学生的学习能力相对较弱，如果对其进行常规的教育教学工作很容易导致学生跟不上学习进度。为了能够更好地提高这部分学生的学习水平，教师应当根据学生的需求进行单独的校本课程设计工作，以更

好地提升学生的能力。尤其是在培智学校的体育教学中，为了能够更好地提升学生的学习水平，教师就更应当根据学生的实际需求进行校本课程设计。培智学校的学生通常会表现出对新知识接受程度较慢以及身体不协调等问题，这些问题都需要教育工作者予以解决，确保能够通过设计的校本课程提高学生的各种运动能力、身体素质等，尽可能满足学生的需求，让学生通过重复的锻炼来打好基础，为后续更深一步的技术性教学提供良好的前提条件。

二、校本课程设计要根据学生的实际接受能力

学校在进行校本课程设计的时候，同样需要根据学生的接受能力来开展，并且要精确到每一个学生。由于学生之间存在个体差异性，其在接收新知识的时候往往需要一段过渡期，为了能够帮助学生更好地掌握自身的身体运动极限，教师就应当给学生设置阶梯形的体育课程，让学生循序渐进，不断进步，从最基础的站姿、走路、投姿训练到稍微困难的跑步、跳跃，再到难度更高的连贯性协调性训练，让学生能够根据自身的接受能力来选择不同的体育课程内容，以此实现校本课程的教学。由于培智学校学生接受速度相对较慢，并且身体素质较弱，体能也跟不上，教师应当把控好学生的体力消耗，给学生提供其自身接受能力之内的校本课程设计，确保学生掌握一种能力后再开展下一阶段的训练，循序渐进地满足学生的需求。

三、校本课程设计要尽可能与学生的实际生活相吻合

培智学校开展的教学工作不仅仅是为了能够帮助学生学习一定的知识，也是以一种潜移默化的方式来为学生治疗。为了能够帮助学生更好地接受教学内容，教师在进行校本课程设计时可以融入一定的现实生活元素，让学生能够更好地享受生活，能够以更加积极的心态来生活与治疗。

由于培智学生的智力有一定损伤，所以其身体素质的发展通常也会受到限制。为了能够帮助学生更好地接受各种体育运动，教师可以从学生平时能够接触到的运动入手，让学生能够在课堂中培养自身的生活习惯，并且能够以这些生活中常见的体育运动来建立学生的防范意识，帮助学生掌握正确的运动方式，引导学生养成良好的思维习惯。

四、校本课程设计要尽可能实现因材施教

即便是体育课程也应当有基本的教学方针与思路，在开展体育教学时需要教师尽可能实现因材施教，这也就意味着教师在进行体育校本课程内容编写的过程中应融入一定的因材施教办法，给学生提供良好的体育训练。由于不同的学生个体之间存在着差异性，为了能够在体育教学过程中兼顾每一个学生，教师应对学生进行针对性的教学。比如，可以让学生学习校园内树木的样子来立正。

培智学校教育是我国教育行业中的重要部分之一。为了能够让智力存在缺陷的学生享受体育教学带来的良好体验，教师应针对培智学校学生自身的需求来进行校本课程设计工作，尽可能从学生的角度出发，考虑到学生之间存在的个体差异性，确保所设计出的校本课程能够满足每一个学生的需求，让学生能够得到充分的锻炼。这也是帮助学生康复的重要方式之一。因此，教师在进行校本课程设计时就需要给学生提供全方位的体育教学，帮助学生进行体育锻炼。

第五章

培智学校民间体育
游戏课程的实施

培智学校民间体育游戏课程的实施，是文化与运动能力的融合，是身体康复与心理成长的融合，更是个体成长与社会发展的融合。在此过程中，民间体育游戏融入教学的各个方面，融入学生成长的各个方面，真正在他们的成长中起到引导作用。

第一节　培智学校民间体育游戏课程的教学实施原则

一、文化知识与运动能力发展相结合

培智学校学生本身具有一定的生理心理缺陷，对于他们的教育具有特殊性，培养他们的兴趣更重要。学生只有对事物有了兴趣才能全神贯注地学习，培智学生的这一特点更明显。大多数培智学生的智力低下，活动完全靠兴趣，如果对这件事不感兴趣，他们根本不会听你的，很难达到教学的目的。所以必须注重培养他们的兴趣，让他们在游戏中学习文化知识，也发展运动能力。

（一）让游戏创设情境，激发情感

游戏情境合理创设对于激发学生的运动学习兴趣有重要作用，培智体育课这一点尤为重要。比如，我在给学生上肩上掷轻物这一内容时，为了激发学生的学习兴趣，特别设计了打怪兽这一环节："孩子们，今天我们来打怪兽。"孩子们一听高兴了，有兴趣了。这时我又说："要想把怪兽打准先要学好本领，想不想学好本领打怪兽？"孩子们异口同声地说：

"想。"孩子们跃跃欲试，谁也不甘落后。因此，激发学生的体育兴趣，创设情境满足他们的学习愿望，可以让体育课达到事半功倍的效果。

（二）激发兴趣，让学生乐学活学

如果体育课是通过单调的、重复的练习来锻炼身体，对于培智学生意义不大。培智学生的身体存在很多缺陷，若需要重复练习，运动强度必然加大，但他们的身体是吃不消的。培智学生智力低下，注意力不集中，缺乏耐性，而且他们觉得很没趣不会跟着练习。如果用游戏的方法练习，效果就很不一样了。比如，在教学小篮球时，这一内容主要是为发展学生的上肢力量以及学生的身体协调性，我以篮球小组赛形式上这节课。首先，我在课前准备好了大量的矿泉水瓶，里面装上少量的水，放在规定的地方，让学生手拿篮球以打保龄球的形式投准矿泉水瓶，将矿泉水瓶打倒得多的一组为胜队，并给予该组一定的奖励。这样学生的兴趣一下子就被激发了；上跳跃练习课，我把"兔子舞"引进体育课，它动作简单、易学且大多数学生都会在欢快的节奏下产生浓厚的兴趣。培智学生虽然存在着缺陷，但是教师要充分挖掘体育课中可以激发他们兴趣的因素，以使这些残缺的学生积极主动地参与到体育课堂中。

（三）体育游戏的选择

培智学生大都智力低下，很多学生行为不受控制，注意力不集中，那么体育课的游戏选择应有目的性，应该遵循培智学生身心发展规律，以培智学生身心发展为目标，所以游戏应选择促进平衡力、协调性、韵律感、灵敏性等素质发展为主，促进培智学生在体育游戏活动中愉快地锻炼身体，学习知识技能。

（四）因材施教，层层递进，让学生学有所得

培智学生个体差异非常大，教学时，对于不同智力障碍程度的学生的动作掌握质量要求各不相同，对身体协调能力强的学生要求稍高，教学要

能满足他们强烈的学习愿望；动作协调能力稍差、肢体有缺陷的学生，教学时要降低练习难度，适当减少练习强度，让他们都能在各自的能力范围内完成相应的任务。每个学生都有自己的特点，但因个体差异，所以表现就不一样，对于培智学生这一点尤其突出。只有我们教师细心去发现，才能找到学生的闪光点，才能在自己的教学中达到事半功倍的效果。例如，在小篮球的教学练习中，我对学生进行分层分组教学，教学顺序分别为运球、拍球、传球。对素质好、技能强的学生，提高要求；对体质和技能稍差的学生降低要求，使大家都能完成学习任务。通过这样的分层教学，让不同层次智力障碍的学生都能完成练习内容，同时给予每个学生更多的发展机会，调动他们的积极性。

二、身体康复与心理引导相结合

培智学生，如果在发现其身体缺陷后就进行教育和训练，就可以使其达到最佳的康复效果，减少残疾的不良后果，从而能够适应社会，成为社会平等的成员。培智学校可以通过民间体育游戏的方式，使学生得到有效康复。

（一）学生心理健康的重要性

培智学校学生通常情况下都具有心理素质脆弱的特点，无论是肢残学生、聋哑学生还是盲人学生都具有较高的心理健康问题检出率，肢残学生的语言能力、视力、听力正常，心智健全，但肢体残缺，这使得他们对外界的歧视、压力更加敏感，会降低学生运动自信心。聋哑学生由于语言能力与听力的缺失，他们往往存在较大的人际交流障碍，对外界信息的传递及外界事物的判断往往会存在误差，若不予以重视，他们就会形成诸多心理问题。盲人学生虽然听力健全，具有正常的交流沟通能力，但对于听到的信息无法用眼睛去观察，故而他们往往存有较重的疑心，最终会增加他们的心理障碍。因此，需采取有效措施维护培智学生的心理健康，使他们具备自爱、自尊、自强的心理品质。

（二）学生心理特征分析

1. 冲动倾向

肢残学生和聋哑学生易存在心理冲动倾向。其中，肢残学生往往会觉得上天对自己不公，由于自身缺陷，其心中怨气累积较多，当其遇到生活中的挫折或困难时，就会想要发脾气或有一些冲动的想法。而聋哑学生会因别人对自己不友好或觉得世界不公平而经常发脾气，存在想要发泄的倾向。

2. 恐怖倾向

聋哑学生一般具有较为明显的恐怖倾向，这可能是因为他们听力、语言能力缺失，不了解外界环境，从而产生猜疑心理。周围人群、老师或父母若在态度方面存在不良表现，就会使学生产生担心、害怕的心理。他们往往会担心自己被他人说坏话，从而出现恐怖倾向。

3. 身体症状

相较于聋哑学生和盲人学生，肢残学生具有明显的身体症状，由于活动受限、身体残疾、形体异常，存在呼吸、胃肠道、心血管等系统不适，担心被别人笑话，故而无法正常参与体育活动。

4. 过敏倾向

首先是聋哑学生，有较为严重的过敏倾向，在面对事物时由于不能听到声音，很难做出准确判断，心理较为敏感，别人笑时，他们往往会觉得别人在嘲笑自己。其次是肢残学生，由于自己做不了正常孩子可以做到事情，往往对外界环境较为敏感，即便做了，也会觉得会被人嘲笑，自己做得不够好。

5. 自责倾向

肢残学生具有严重的自责倾向，分析原因可能是因为他们自身肢体残缺，但却具有正确的判断力，在遇到解决不了的问题或困境时，往往会归因于自身，继而出现自责倾向。

6. 孤独倾向

聋哑学生是最易产生孤独心理的学生群体，可能与聋哑学生不能正确判断外界事物有关。由于对事物了解较为片面，学生会觉得同学、老师、父母不理解自己，因而常感到孤独，心里苦闷。

7. 对人焦虑

聋哑和肢残学生很容易出现对人焦虑的情况，由于不能听到外界声音，对外界的了解相对片面，故而聋哑学生不易信任他人，存在多疑、对人焦虑的心理。

8. 学习焦虑

肢残学生可直观感受到外界与自身的不同，对于他人的歧视、嘲笑、同情和惊讶，他们更想以学习的方式证明自己，他们知道学习的重要性，因而易存在学习焦虑心理。

（三）运动习惯与心理健康的关系

调查发现，在特殊教育学校中，很多学生心理健康状况欠佳，并且存在运动缺乏的问题，分析二者间的关联性可得：运动适量的学生心理健康状况往往比运动缺乏的学生要优，存在的心理问题也相对更少，具体分析如下。

1. 良好运动习惯可提升学生自信心

教师进行适量运动测试后，引导学生多参与户外踏青、慢跑等活动，可活跃学生心情，提升学生自信心。在此过程中观察学生心态变化可发现，运动参与度不足的学生比运动适量的学生更容易出现心理障碍，也就是说在特殊教育学校中，引导学生养成良好运动习惯，可改善其心理问题，提升学生自信心。

2. 可优化学习氛围，增强学生学习兴趣

对于特殊教育学校学生而言，他们的体质情况存在一定差异，我们需依据学生具体需求，合理选择体育运动项目，创设良好情境，优化学习氛围，这样才能提升学生体育运动参与度，增强学生学习兴趣，如可创设别致的运动队形及新颖的活动内容来营造特别的学习氛围，使学生逐步养成良好运动习惯，减轻学习焦虑感。

3. 运动教育可减轻学生人际交流障碍

在适量的运动中，学生孤独、敏感、自责倾向会相应减少。学生养成良好体育运动习惯后，当其遇到困境或问题时，不会再选择独自面对，而是会尝试与他人交流分享，这样可使其放松情绪，转移注意力，减少孤独、敏感、自责倾向，继而促进身心健康发展。

三、做好各方面的准备

（一）备好学生

民间体育游戏活动课的学生是由各班的学生组成。教师要全面了解学生的个体情况：有的学生手脚协调能力差，平衡能力低；有的学生言语表达能力差；有的学生不好动，不爱表达；有的学生听不清别人的说话；有的学生喜欢到处跑动；等等。根据学生的这些差异，我把学生分为A、B、C三组。A组学生运动能力和认知水平较高，能够理解老师的讲解内容，并能够按照老师的要求完成课程内容，如学生小华等人，智力水平接近正常，理解能力很强，对教学内容很快能领会，能够很好地完成老师讲解的教学任务。B组学生认知能力较差，对上课内容完成得不太好。例如，启音班的小陈，其课堂的纪律不是很好，喜欢捣乱，自己不太喜欢运动，可是又喜欢去管理其他学生。再如，学生小徐，有比较严重的情绪问题，性格很固执，在课堂上，要不是自己喜欢的运动项目，他就不愿意配合老师完成教学任务。C组学生认知能力很差，基本不能理解教师授课内容。比如，九年级自闭症学生小雨，在训练篮球游戏活动中，第一次接触篮球很是抵触，不管对他怎么鼓励、怎么耐心讲解，他就是不敢碰球，不愿意与人交流。

（二）备好授课内容

因学生的个体差异大，要让学生能在游戏活动课中得到有效的训练和有效康复，教师就要在教学内容上讲究三个原则。

1. 简易性原则

智力障碍学生智商发展很迟缓，身体发育不健全，他们有的骨骼硬度小、韧性大，易弯屈变形；有的肌肉力量小、耐力差、易疲劳；有的大脑受损，身体的协调能力差。这些因素决定了学生的活动课运动负荷不能过大，时间不能过长，内容不能过于复杂。教师只有选择简易的游戏内容，才可以促使学生参与，才可能顺利地将游戏任务完成。例如，在《列队》教学活动中，我把教学重点放在如何排好体育课队伍上。此外，我还选择一些活动项目，如"拍球活动课"，把教学重点放在引导学生如何掌握好拍球技术；"20米迎面接力课"把接力规则作为教学重点；"跳绳"课例中，把掌握跳绳的技术要领作为教学重点。这些都能让学生在体育活动课中得到有效的训练。

2. 灵活性与趣味性原则

由于学生注意力存在缺陷，在游戏课中，我结合学生的特点，选择一些既能够让学生容易理解，又能让学生在其中放松心情的游戏内容，让学生在轻松的氛围中不知不觉地得到锻炼。例如，在游戏"换物赛跑"教学中，我根据学生的实际情况，对每次练习提出不同要求，不搞千篇一律地重复教学。第一次训练时，给学生提的要求是不犯规则为胜；第二次训练时，再加大一点难度：谁的组队伍排得好为胜；第三次训练时，则以谁的组跑得快为胜。通过这样不断提出新的要求，来吸引学生完成游戏任务。此外，我还根据学生的个人能力表现，如在跳绳、拍皮球等项活动教学中，我看到有农德相、许世豪等几个学生非常想自由活动，我先安排他们完成规定的教学任务后，再分别给他们1～2分钟时间去发挥各自的才能（各种各样的跳法或拍法），以这样灵活的教学方法，激发学生的热情，让学生充分享受到运动的乐趣。

3. 竞争性原则

适当运用比赛教学能激发学生对课堂的兴趣和提高学生参与的积极性，尤其对特殊儿童，效果就更加明显。因为大多数的特殊儿童上课注意力不能集中，这就要求教师在课堂上采用相应的方法，这样才能提高学生的注意力。其中，采用一定的竞赛方法会使学生在课堂上的注意力更集中，教学效果比较好，可以让他们在竞赛中相互帮助，提高自我，突破自我。因此，在游戏活动课教学中，我经常适当安排学生比赛，让学生体会竞赛带给他们乐趣。比如，在设计"学拍皮球"教案时，我根据学生表现类型、残疾程度进行分层设计：在A类学生中，要连续能拍20次才能获得奖励一朵小红花，B类学生连续拍10下才能获得奖品，而C类学生，只要能连续拍5次就可以获得奖品。通过这样有趣味、竞赛性的教学环节，提高了学生的课堂参与积极性，让学生在课堂中得到了有效的训练。

（三）备好场地器材

培智学生体育锻炼过程中的自我保护能力相对较差，因此教师需要确保运动器材安全，同时需要确保场地表面平整、安全和干燥，保证学生的身体安全。

（四）备好民间体育游戏的讲解

培智学生致病因素不一，病情程度不一，要想把授课内容讲解清楚，我首先站在学生都能看得见和听得清的地方，讲解速度要慢，语言生动形象，简明扼要，通俗易懂，声音洪亮。例如，在讲解老鹰抓小鸡中，我先做小鸟飞的模仿动作，往上飞（上肢运动）、低飞（下蹲运动）、原地转圈飞（平衡运动、体侧运动）等这些肢体动作，都要给学生讲解明白，这样才能顺利完成教学工作。再如，在胯下传球比赛时，我先将队伍分成能力相近的两队，前后一臂距离，排成两列，半蹲，身体倾趴，拿球从胯下往后传，一次往后传，传到最后一个同学时，最后一个同学带球跑到第一位继续并开始传球，依次循环至每个同学回到原点，最快完成的队为胜。又如，在面对面胸前传球的游戏活动课中，我先讲解动作方法、要领以及注意事项，进行动作示范。再将学生分为两组，一对一、面对面进行练习。学生在进行面对面练习的时候，教师在旁边进行观察、指导，对学生进行提醒，充分让学生在玩中学、学中玩，寓教于乐。

（五）民间体育游戏在体育教学中的应用策略

1. 做好正确的示范，耐心指导，制定科学合理的教学内容

培智学校的学生与正常的学生相比，他们的情感体验较少，因此针对他们开展的体育教育活动要注意将学生的快乐体验放在首位，让他们感受到体育活动中的乐趣，只有这样才能激发他们的学习兴趣和学习积极性。教师在设计教学中的游戏时要注重难度适中的原则，如果游戏设置得比较难，与学生的个人能力不相匹配，学生就无法很好地完成任务；如果游戏设置得过于简单，那么无法带给学生深刻的体验，也达不到良好的活动效果。因此，在课程开始之前，教师要先针对学生的认知能力和认知水平进行科学的测试，结合测试的结果，制订科学合理的教学计划和教学方案。培智学校的学生大多不具备良好的观察能力和记忆能力，他们无法很好地跟随教师的教学节奏，也不能快速地了解教师的指令意图，所以教师只能进行反复地示范和演示，这样才能一点一点地给学生传达意图，启发他们的认知。例如，

在进行体育教学时，教师给学生反复演示腿部的动作，引导学生进行模仿，或纠正学生动作，从而带给学生更加真实深刻的活动体验。在进行体育游戏的过程中，教师要付出更多的耐心，引导学生用做游戏的心态学习技能。

2. 制定游戏方案，培养学生的体育学习兴趣

激发培智学校学生的学习热情是一件具有挑战性的工作，因此教师要多多进行教学研究和教学实践，合理规划教学目标，将体育游戏应用到体育与健康的教学中来，以此来激发学生的学习兴趣。学习兴趣是学生配合一切学习行动的催化剂，因此，教师设计的体育游戏方案要适合学生的自身条件和认知情况，当体育运动与学生的兴趣相融合，就会在潜移默化中激发学生的内在潜能，从而提高学生的认知能力。比如，在体育教学活动中，教师可以开展传球游戏，将学生划分为两两一组，在规定的距离内，以传球不掉的组为胜利。胜负欲能够激发学生的竞争意识，从而让学生专注于这个游戏，锻炼体能，加强与同学之间的团结协作。

3. 尊重学生的个体差异，采用分层式教学方法设计体育游戏

培智学校的学生在日常的生活和学习中都展现出不同于正常学生的特点，传统的体育教材设计缺少对于这类学生差异性的考虑，导致培智学校学生的体育教学效果不够理想。为了解决这样的问题，体育教师在设计体育教学方案时要注重学生的个体差异，采用分层的教学方法，提高教学活动的针对性和有效性。比如，教师可以组织开展"救人质"的游戏活动，教师扮演指挥和裁判的角色，将一个指定的事物作为人质藏在操场的某个角落，让学生扮演警察或是搜救人员，找到"人质"并营救"人质"。教师要将这个游戏进行分层设计，根据难易程度将游戏划分为三个层次：第一种，针对个人能力比较欠缺的学生，只需要这类学生能够找到"人质"，并给"人质"提供指定的物品就可以，无须营救"人质"，在游戏的过程中，学生寻找到"人质"，并把指定物品放下然后原路返回，在这个过程中用时最短的学生可以获胜；第二种，针对体能和智力比较适中的学生，教师要给这类学生设置一些障碍，如让几个学生扮演匪徒，阻碍搜救，这类学生穿越障碍，救出"人质"可以获得胜利；第三种，针对一些能力较强的学生，教师要在这类学生的搜救过程中设置一些任务，如让学生完成跨越栏杆、跳远等的体育活动，学生完成任务，救出"人质"即为获胜，这样的方法不仅可以给学生增加游戏体验，还能锻炼学生的体能。游戏结束后，教师还要针对学生的表现进行考核评价，对于表现良好的学生要给予他们及时的嘉奖和鼓励，从而树立学生的自信心，让他们更加积极地参与和配合教师的教学活动。

四、个体成长与社会认知相结合

在特殊儿童教育阶段，教师在进行有关社会性发展教育时，更多的是从语言和行为的角度出发对特殊儿童的不良习惯进行约束和纠正，但前提是特殊儿童一定要表现出这些不良习惯，这就使教育变得非常被动，同时过于枯燥、刻板、机械化、程式化的教育方式很难给特殊儿童的社会性发展带来实质性的帮助。通过开展民间体育游戏来促进儿童的社会性发展是一个新的切入点，民间体育游戏不仅具备普通游戏所具有的互动性强、体验感强、趣味性强、娱乐性强等特点，而且具有很强的感染性和传播性。除此之外，民间体育游戏还具有普通游戏不具备的特点，如鲜明的地方性和民族性色彩，由此我们便很容易在民间体育游戏实施与社会性发展教育之间建立起联系，即在儿童教育中通过民间体育游戏来渗透社会性发展教育，这对培养儿童社会意识和养成相应的社会性习惯是非常有帮助的。

（一）注重环境建设

1. 物理环境建设

民间体育游戏教学的实施离不开丰富的物理环境的支持。除了游戏活动场所（室内或室外）外，活动中使用的器械也需要重点关注。游戏不仅要有很强的互动性，还要有足够的人气，方便游戏在群体中的广泛传播。游戏的难度要适中，既保证了所有特殊儿童都能参与，又有一定的挑战性。这样可以使特殊儿童的注意力长期保持集中，也有助于增强他们的合作意识。比如，老鹰抓小鸡这个游戏需要在户外进行。游戏的内容很简单，但是很有趣，对相互合作和默契的要求很高。在活动正式开始前，教师要根据具体的游戏内容，特别是与儿童日常生活相关的游戏内容，安排相应的活动场景，方便特殊儿童迅速融入活动。

2. 心理环境的建立

儿童之间的交流，无论是语言还是行为，在大多数情况下都是发自内心的真实感受，或者是人类的一种本能反应，无论是积极的还是消极的，这些语言和行为都是不隐蔽和欺骗性的伴随，这也是我们利用民间体育游戏促进儿童社会发展的一个非常重要的前提。因此，教师要突出游戏活动的教育意义，就要为儿童建立一个轻松愉快的心理环境，使他们更愿意交流、喜欢交流、想交流、敢于交流，要使游戏表现出自由、民主的特点，体现正义与平等。教师要鼓励儿童在喜爱的民间体育游戏中探索、发现和体验，善于将所知的社会元素融入游戏活动中，如排队、遵守规则等。

3. 增强儿童的规则意识

皮亚杰曾说过："儿童游戏包含着大千世界的一种缩影。这种游戏中的微型世界反映了由一系列约定俗成的社会规则所建立起来的人际关系。"规则意识是儿童阶段社会性教育的重要部分。而儿童对游戏规则的掌握往往决定了许多民间体育游戏能否顺利地进行，如丢手绢、跳皮筋、扔沙包等。一种民间体育游戏的顺利进行需要大家共同遵守规则，这将促使儿童自觉遵守游戏规则，使儿童的规则意识不断得到巩固和扩大。

例如，"丢手绢"的民间体育游戏，考虑到低年级儿童各方面发展还不完善，秩序性较差、情绪波动大，也不能很好地按照教师指令进行活动，结合儿童在家有听歌曲和看动画视频的经验，所以我前期先给儿童在生活活动环节播放《丢手绢》的歌曲，在潜移默化中让儿童更加熟悉歌曲旋律和歌词内容。在儿童情绪稳定且愉悦的前提下，我组织学生来到户外，用蓝牙音箱播放《丢手绢》的音频，让儿童进行歌曲回忆并提问："你们听，我们都在哪里听过这首好听的歌曲呢？"

萱萱说："我在家里听到过这个，姥姥给我唱过。""你听得真仔细！"我鼓励道。

萌萌说："我刚才在外面玩儿的时候听见了。""噢！在我们幼儿园也听到过，你的小耳朵听得也很认真！"我夸赞道。通过交谈，其他儿童的兴趣也纷纷被调动了起来，大家议论纷纷，甚至有的儿童对这首歌曲已经很熟悉了，便哼唱了起来。此时我提议："让我们一起来看看传统民间体育游戏'丢手绢'的动作和玩法。"我进行游戏玩法的讲解和示范，让一名儿童配合，本身低年级儿童就酷爱模仿，通过这种直观的方式更能使儿童理解和接受。

"我们好听的《丢手绢》歌曲可以让小朋友们用身体动作玩起来，让我们的小身体动起来吧！"我为儿童讲解游戏规则。所有儿童坐在一起，围成大圆圈，边拍手边唱歌曲，一名儿童拿着手绢围着圆圈转，当唱到"轻轻地放在小朋友的后面"的时候，将手绢轻轻放在任意一名儿童的身后，转完一圈后，如果那个儿童还没发觉，丢手绢的儿童就抓住他，让他表演一个节目；如果被那个儿童发现了，丢手绢的儿童就要按顺时针方向跑，发现手绢的儿童就要进行追赶，如果丢手绢的儿童被追上了就要表演节目，发现手绢的儿童没追上的话就要自己表演一个节目。

（二）将传统节日与民间体育游戏有机结合

在特定的传统节日来临之时，教师要根据民间的风俗习惯来制订游戏计划，让儿童在学习传统知识的同时，将民间体育游戏融入其中，这样不仅将国学教育植入儿童脑海，还让儿童通过参与民间体育游戏对传统节日有了更深一层的理解，可以说是一举两得。

当游戏化教学法与国学教育相互碰撞时，学校的体育活动便变得更容易被儿童所接受，更受儿童的喜爱和欢迎。对于学校来说，其在开展体育活动时，应利用民间体育游戏来加强儿童对传统文化的了解。教师在实施民间体育游戏时既要利用民间体育游戏来传播我国的传统文化，又要通过现代体育活动来强健儿童的体魄、增强儿童肢体的协调性和灵活性；针对不同年龄段儿童的发展需求，制订相应的活动方案，这样才能更好地实现体育活动的教育目标。

（三）多元心理成长

民间体育游戏的活动形式多种多样，很多都适用于各个年龄段的体育活动中。教师在开展民间体育游戏之前，不仅要搜集更多民间体育游戏的活动素材，还要将其分类，并适当地调整游戏活动形式及难易程度，强化其安全系数，促使儿童在游戏中既得到锻炼、获得乐趣、受到启发、促进发展、又增长见识、习得文化。

儿童的社会性发展是其心理发展的一个重要组成部分，它主要包含以下四个方面：品德发展、自我系统的发展、社会性情感的发展和社会交往的发展。

1. 有助于促进儿童的品德发展

特殊儿童教育应将保育和教育有机地结合起来，要以儿童的发展为本，促进其身心和谐发展；要加强对儿童的品德教育和行为习惯的培养，这将会对促进儿童身心和谐发展，起到重要作用。

在儿童的相互交往中，游戏是最主要的形式。借助游戏，教师可以观察到各种积极和消极的行为或现象，如为抢夺玩具的攻击性动作，因失去

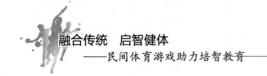

玩具而放声大哭，等等，这可算作儿童道德行为层面的最初体现。

民间体育游戏蕴含了中华民族的诸多传统美德，如友爱、合作等。民间体育游戏具有群体性，通常是三五成群一起玩的，所以，儿童在游戏中就会渐渐地学会控制自己的行为和情绪，理解和帮助他人，从中感受到与别人友好相处的快乐。例如，尊老爱幼的美德，我们在"摇啊摇"游戏中，让儿童们在歌谣"外婆叫我好宝宝，一块馒头一块糕"的诵读中，去体会老人对孩子的关爱，后来，再有意识地创编"我给外婆吃块糕，外婆吃了哈哈笑"，着力培养儿童的尊老意识。

在学龄前，实施儿童道德教育的一个重要措施就是帮助他们把道德意识转化为道德行为。在创编了"摇啊摇"的游戏后，我们鼓励儿童回家后和老人一起游戏，用他们贴心的话语或力所能及的行动，从而在和谐的学校和家庭生活中，强化和发展儿童的品德和情操。

此外，民间体育游戏还体现了乡土文化的特色，如泰州的许多弄堂游戏。小朋友做着泰州口音的童谣游戏，像"抬轿子"中的"……新娘子下轿子，看看梅园望海楼"。我们在充分挖掘校本课程的同时，潜移默化地培养儿童爱家乡的情感。

2. 有助于促进儿童自我系统的发展

儿童初期都是以自我为中心的，他们以自己的视角看世界，以自己的感受决定自身行为，从自我出发来面对和要求他人。在游戏"木头人"中，儿童念完儿歌后必须像木头人保持稳定姿势，不能随意变动，但自控能力弱的培智儿童并不易做到这一点，可是为了快乐游戏，体验成功，他们也就只能遵守共同的规则。游戏的规则有显性的，也有隐性的，如在"石头、剪刀、布"的游戏中，游戏双方必须同时出示手势，这是大家都默认的规则，儿童必须按照这一隐性规则控制自己的行为，学会用规则协调关系，为其社会性发展打下良好的基础。

3. 有助于促进儿童社会性情感的发展

要儿童学会爱他人、爱社会，首先要让其认识和感受到来自他人和社会的爱。鉴于此，我们有意识地选择了一些必须通过合作才能玩好的游戏，如在"拍大麦"游戏中，儿童边念"一箩麦，两箩麦，三箩开始拍大麦"的儿歌边做动作，要求儿童在双方有节奏的拍手中完成，同时在游戏中培养培智儿童的社会责任心理。就像在"老鹰抓小鸡"的游戏中，培智儿童轮流做母鸡，会养成他们良好的社会责任心。

总之，民间体育游戏的开展让"霸道"的小朋友学会了与同伴友好地相处，让"本领大"的小朋友学会了换位思考，长期坚持下来，儿童合作的意识明显增强了。

4. 有助于促进儿童社会性交往的发展

社会性交往的发展主要包括对儿童交往态度、交往能力（合作、分享、互助、解决冲突等）、人际关系（亲子关系、同伴关系、儿童与教师的关系等）等方面的改善和发展。我们认为，帮助和促进儿童建立良好的人际关系，对其早期社会性的发展和后续社会性的发展，都是很有好处的。在培智学校的生活中，游戏是儿童各类活动最好的载体。通过开展游戏，儿童的言语、情感、想象等频繁碰撞与交融，有助于促进儿童社会性交往的发展，主要体现在以下几个方面：

（1）口头表达能力的提高。儿童期是语言发展的关键期。民间体育游戏提供了丰富的语言表达情境，让儿童在游戏中互相表达和交流。儿童早期的语言发展主要依靠模仿。在伙伴们的游戏中，他们逐步实现了超越，如组词能力、造句能力、讲述能力、背诵能力等，尤其是那些配有童谣的数数歌、问答歌、游戏歌、连锁歌、谜语歌、绕口令、字头歌、颠倒歌等，因其趣味性强，有节奏感，朗朗上口，易学好玩，更加能帮助他们实现跨越。例如，在游戏"炒黄豆"中的"炒、炒、炒黄豆，噼里啪啦翻跟头"和游戏"指星星"等，都能锻炼儿童的注意力和快速记忆的能力。在成功且快乐的游戏中，儿童克服了胆怯心理，随之产生了与同伴说话的兴趣，激发了相互交流的欲望，在日积月累中，提高了他们的口头表达能力，进而促进其社会性交往的发展。

（2）交往能力的提高。在培智儿童中开展民间体育游戏，对提高他们的交往能力，弥补他们社会性发展的不足，促进其身心健康发展，帮助其融入社会，都是颇有好处的。

在几次合作游戏中，儿童总会找到自己的合作伙伴，这样的民间体育游戏，深受他们的喜爱，他们跳出了"自我"的小圈子，做出利他的行为选择，养成了思考问题和制定行为策略的良好品格，发展和促进了他们的社会性交往。

（3）亲情关系的改善。亲情关系是所有人际关系的基础。有了良好的亲情关系，儿童的情感有了依附，会促进其信任感和心理安全感的产生。民间体育游戏是传承下来且流传着的游戏，祖父母、父母、老师都会玩。它不受场地、时间和经济条件的限制，随时随地都能玩。例如，"跳绳"只要一根绳子，"跳房子"只要一支粉笔和一块石子，"炒黄豆"更方便，徒手就能玩。在游戏中，大家人格平等，相互交往，共同合作，共享成功的喜悦。在游戏中，儿童会感受到成人对自己的态度，如在"滚铁圈"等有些难度的游戏中，成人应尊重儿童的选择，保护他们的自尊心，以肯定的语言鼓励他们积极参与其中，增强他们与成人互动的信心和胆量。我们举行了几届民间体育游戏的亲子运动会，项目繁多，如孩子间跳绳、抽陀螺比赛，爸爸妈妈踢毽子、跨步子比赛，亲子间三人四足、抬轿子比赛等等。亲子游戏增进了父母与孩子间的情感交流，让每个家庭都充满了欢乐。

第二节 培智学校民间体育游戏课程的教学组织形式

运用民间体育游戏的方式能够更好地对学生进行教学，让学生在体育教学中有更加深刻的代入感，更好地培养学生的综合素质。在培智学校的体育教学中，教师需要在游戏中融入相应的知识内容，以有效地推动学生的智力发展。此外，在进行体育教学时，教师要重视学生的健康成长，在运用民间体育游戏教学的过程中，重视锻炼学生的身体机能，让学生得到更好的成长。

一、民间体育运动游戏的意义与价值

特殊教育是指面对特殊的受教育人群展开的教育，与普通教育相比，特殊教育在我国的教育教学体系内也是非常重要的一部分。跟普通教育一样，在特殊教育学校的课程设置中也有体育课，且体育课在教学活动中是非常重要的一部分。

与其他教育教学科目有所不同，体育教学并不要求学生坐在课桌前保持一个正确的坐姿，安安静静地学知识。在体育课上更多的是教师带领着学生做一些有益身心的活动，让他们快乐地动起来。好动是每一个孩子的天性，体育教师要在允许的范围内，尽最大的可能去释放这些特殊学生的天性。特殊教育中的体育课主体分为两部分，一部分是教师，另一部分就是受教育者——特殊学生。这种情况下，教师只有建立一个以学生为主体的交流沟通模式才能顺利地开展体育活动。因为培智学生是一群身体有缺陷的孩子，所以在体育课上，教师进行体育教学有一定的困难。但是，组织学生进行适当的民间体育游戏，有益于学生的身心健康发展。在体育课上开展各种类型的民间体育游戏，能够让学生多进行肢体运动，使他们的身心得到高度的放松，获得更多的快乐，让学生之间的关系更加团结和紧密。

（一）在民间体育游戏中培养培智学生的自信心

每个孩子都是一个天使，就算他们是身体有缺陷的特殊学生也不例外，所以教师在上体育课时，应该积极主动地去发现每一个学生身上的优点。比如，教师在带领学生做"小黑熊偷玉米"的民间体育游戏时，教师可以给不同的学生安排不同的角色，或者让学生自己选择他们想要扮演的角色。这样一来，就会使很多学生积极地参与到这个民间体育游戏中来。教师在这个时候一定要注意观察不同的学生在这个民间体育游戏中的状态，然后及时给他们提供帮助。虽然每个学生都或多或少地存在一些缺陷，但是在这个民间体育游戏中，民间体育游戏的角色大都是学生自己选择的，所以他们在做游戏的过程中，就会很有自信。当民间体育游戏进行到一段时间后，教师还可以更换一下学生在游戏中的角色。因为有过之前的经验，很多学生会明白民间体育游戏的环节和规则。因此，教师在此时提出要求，学生应该比之前更愿意去挑战一下新的角色，再加上教师的鼓励，就会让学生信心倍增。在民间体育游戏的过程中，教师需要注意的是一定要注意与学生之间的沟通和交流。因为特殊学生的内心都比较脆弱且敏感，教师在民间体育游戏开始前可以将学生分成几个不同的小组，这样不但能够有效避免学生之间不必要的摩擦，而且可以有效地促进学生的身心健康，促使其朝着良好的方向发展。

（二）在民间体育游戏中纠正培智学生的不良习惯

特殊教育学校中的每个学生都有自己的特殊性。由于孩子存在缺陷，很多特殊学生的家长会对自己的孩子很溺爱。这样的溺爱有时会让这些学生在某种行为上有所欠缺。大多数情况下，学生做了某些不当的举动，自己并不能意识到这种行为是不对的，这样就会造成一些不必要的误会。例如，在上体育课时，教师通常会给学生发一些孩子喜欢的器材，如小皮球、毽子、跳绳等。教师在上课之前会明确地告诉学生要管理好自己手中的玩具，不要丢失，也不要去拿其他同学手里的玩具。但是在体育活动中还是会不可避免地出现一些同学拿走其他同学手里东西的情况，因为这些学生潜意识里会认为其他同学手里的东西也是属于自己的。面对这种情况，教师就要对学生的这种行为进行及时的纠正，同时要引起其他同学的注意。如果直接在全体学生面前对存在这种行为的学生进行批评的话，学生就会感觉很没有面子。此时，教师可以组织学生做一个"警察抓小偷"的民间体育游戏，看看谁是最厉害的小警察。这样一来在学生之间就会存在一个互相监督的关系，相比于教师对学生进行直接说教更会让学生严于律己，取得事半功倍的效果，从而有效纠正学生的不良习惯。

（三）在民间体育游戏中疏导培智学生心理

特殊教育学校的学生因为身体上都有缺陷，所以他们大多都会感觉很自卑。当组织他们进行体育运动时，有些学生会拒绝参加。为了尽可能减少这种情况的发生，教师要及时对学生进行心理疏导，有效减少学生的自卑心理。例如，教师可以组织学生玩找"头羊"的民间体育游戏。这是一个适合大多数在肢体上有缺陷学生的民间体育游戏，这个民间体育游戏不但有效地避免了一些学生因为缺陷而不能参加民间体育游戏的问题，而且可以在民间体育游戏中有效培养学生的情感认知能力及观察模仿能力。在民间体育游戏中，教师组织全体学生站在一起，围成一个圆圈。教师指定圆圈中的任意一个学生闭上眼睛，让同学把他带入这个圆中，进入圆形队伍中再让他睁开眼睛。此时民间体育游戏开始，所有学生开始变换做各种动作，让圆圈中心的这个学生仔细观察，在众多同学中找出他们到底在模仿哪一个同学，也就是找出来那个"头羊"。这个民间体育游戏可以做到全员参与，有利于培养学生之间的团结协作能力。民间体育游戏中指认的那个学生在仔细观察和寻找的过程中能够有效增强自身的观察和认知能力。但是，在游戏中也会有一些小的情况发生，如被教师指定站在中间的学生，也许在做游戏时，因为长时间找不出来同学中的"头羊"，他就会很着急，甚至会自暴自弃。这个时候教师可以给这个学生一点小小的提示，或者告诉他，老师也想加入他的这个团队，从而消除学生的焦虑感和孤独感。在做民间体育游戏的过程中，肯定会有学生因为不自信，不愿意站在中间。因为站在中间会吸引好多同学的目光，会让他感觉孤立无援。教师一定要鼓励学生，告诉学生勇敢地站在人群中央的那个同学才是真正的"头羊"。同时教师要及时开导学生，让学生明白每个人都有自己闪光的地方，要学会接受不完美的自己，还要告诉学生做民间体育游戏时，如果遇到问题要及时与教师沟通，向教师或其他同学寻求帮助。这让学生知道自己可能不擅长做某一类民间体育游戏，但是在别的民间体育游戏中肯定会有自己擅长的。这样就可以有效地帮助学生树立自信，避免自卑。

（四）在民间体育游戏中挖掘培智学生潜能

教师在教育学生的过程中占据着主导地位，学生则占主体地位。与传统体育教育相比，现代体育教育飞速进步。在传统体育课堂中，如果有哪些学生因为不遵守体育课的制度或者规则，教师就会让那些犯了错误的学生围着操场跑几圈，在某种意义上也可以有效地抑制不良行为和问题的产生。但是在当代教育中，一直强调的都是素质教育，实施素质教育强调教师一定要尊重学生的主体地位，不可以体罚学生。这一规定在特殊教育中更是要严格执行，因为这些学生本就身体有缺陷，自卑心理又比较严重，如果教师教育失当，很可能就会导致一些不愉快的情况发生。比如，有的学生在民间体育游戏中放不开自己，不愿意积极主动地参与到民间体育游戏中。面对这种情况，教师可以鼓励学生，并对学生进行合理的评价。教师鼓励学生的方式可以是物质奖励，也可以是语言鼓励，无论哪种鼓励方式对学生来说都是非常重要的。

恰当合理的评价或鼓励能够有效帮助学生认清自身缺点并及时改正，并在以后的体育锻炼中充满自信，认认真真地完成教师组织的体育活动或项目，并勇于在体育活动中展示自己。这就需要教师对学生有全方位、多角度的了解，除了对学生给予合理的评价外，还要注意观察学生，并采取有效措施挖掘学生的潜能。例如，当学生做出改变后有了进步，教师就要及时地鼓励他，可以奖励给学生一个小贴纸、一粒小糖豆或者采取其他的鼓励方式等。这样教师就可以及时发现学生身上存在的潜能，并根据这些学生自身的特点制订一些符合他们的课程方案。例如，虽然听障学生在听觉上存在缺陷，但是他们的专注力却很强。教师在教学时可以为这类学生设置一些适合他们的民间体育游戏，如跳绳、踢毽子等，以开发他们的潜能。在民间体育游戏中，教师可以让学生进行反复地练习，使他们的能力在练习中得到有效的提升。需要注意的是，教师在开展体育教学过程中，一定要在学生中树立几个榜样。比如，学生中有哪些进步和提升比较快的学生，让他们作为其他同学的榜样。教师可以有效引导他们，让他们积极地帮助其他的同学进行练习。这样就能够有效激发学生的学习和练习热

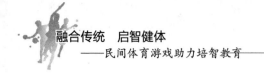

情，提升学生"我也行"的自信心。此外，教师还可以让学生自己用心观察身边的同学谁练习得比较好，然后采取"送彩旗"的方式，评价出学生在这个过程中哪些做的是比较正确的，哪些做的是错误的，参照对象可以是自己也可以是其他同学，让学生明白自己身上的不足，然后做出改正，从而有效地增强他们的学习自信心。

体育锻炼不但能够增强学生的身体素质，而且能够培养学生的自信心和团结协作能力。对特殊教育学校的学生来说，体育有着非常重要的正向作用。在特殊教育学校的体育课中运用民间体育游戏教学能够激发学生的锻炼兴趣，通过体育锻炼促使学生身心健康发展。因此，特殊教育学校要重视体育教学，加强对体育教师的培训，使体育教师更专业、更符合特殊教育的要求。而特殊教育的体育教师在教学时要采用合适的教学方法，通过组织恰当的体育民间体育游戏活动提升学生的综合素养，为学生的成长保驾护航。

二、民间体育游戏在培智体育与健康教学中的运用方式

（一）做好充分准备，确保游戏安全

培智学生的认知能力和知识适应能力较弱，教师在进行民间体育游戏教育时要做好充分准备，确保学生的安全，为学生提供良好的教育环境，激发学生的学习兴趣，确保得到很好的训练效果。比如，在学生体育课的准备阶段，教师可以创建学生档案，对学生的具体情况进行比较深入的了解，包括学生的体能、爱好等，并以此作为综合分析的基础，制订科学的教学计划，总结以上内容，构建学生的体育档案，为具体教学活动的开展提供有利条件。

（二）反复示范，因材施教

智力障碍学生情感体验较差，学习能力较弱，每个学生的残疾因素

不同。因此，在对民间体育游戏进行设计的过程中，教师要重视学生的兴趣，进行有效的教育；要让学生能够体会到游戏的乐趣，提升学生对体育学习的兴趣，从而更好地完成相应的教学目标。同时，不同学生的情况是不一样的，因此在开展民间体育游戏教学的过程中，教师要对学生的认知能力进行有效的测试，并结合测试的结果以及整体情况对教学的计划和内容进行调整。特别要注意培养培智学生的理解能力及相应的学习能力，因此教师在进行教学的过程中，要具有耐心及爱心，不断重复教学，让学生能够充分地参与到游戏中。

（三）预防"偏食"，集中注意力

大部分学生都比较喜欢民间体育游戏，但有时候也会出现"偏食"的现象，也就是学生对一些民间体育游戏的兴趣比较低，或者由于某些原因不喜欢民间体育游戏。在这种情况下，教师要用个别测试的方法，对学生的实际情况进行测试，探寻相应的解决办法。在游戏教学的过程中，教师要随时观察学生的反应，总结出学生比较擅长的民间体育游戏，在后续的教学中，继续加强指导和培养，将学生的兴趣爱好和能力结合起来。

（四）控制游戏的难度

由于不同学生的接受程度不一样，教师在运用民间体育游戏教学的过程中，不能运用比较难以理解以及挑战性比较强的环节，要结合学生的接受能力设置游戏的难度，否则不仅会使学生对参加体育比赛失去兴趣，还会使他们在快乐学习的方式上"过头"。例如，在跳绳练习的过程中，学生掌握跳绳的基本动作就可以，不要求学生必须学会花式跳绳等比较高级的玩法。跳绳对于正常的学生来说是比较基本的技能，但对于培智学校的学生来说具有很大的挑战。因此，教师在对游戏的难度设计时需要进行合理的控制。

体育运动对促进智力发展和身体健康有很大的帮助，对实现学业目标

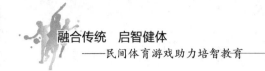

和传授基本技能有所助益，民间体育游戏必将通过提高培智儿童最基本的生活和社交技能，为社会发展做出贡献。

三、民间体体育游戏在培智运动与保健教学中的重要作用

（一）集中注意力，提升教学效率

由于智力障碍儿童自身存在智力缺陷及生理疾病，他们在课堂上几乎难以保持良好的注意力，同时因为反应较慢导致他们学习效率无法得到保障。所以，教师在上课的时候可以通过一些反应类的游戏去帮助学生提升反应力，从而使学生能够快速集中注意力，进而促进后续教学活动的展开。反应类的游戏要求学生的行动要和指令相一致，有时候则要求相反，具体要根据实际情况去使用。反应类的游戏除了可以让培智学生感受到有趣之外，还可以有效集中学生的注意力，进而提升学生的大脑反应力，起到事半功倍的效果。

（二）贯穿教学始终，维持学习行为

智力障碍儿童和正常的儿童相比较，在心理方面存在显著的差异，也非常欠缺兴趣和动机，主动性比较差且意识水平不高。在培智体育课当中，教师运用游戏化教学策略，可以将所有教学环节相互连接起来，使这些儿童对体育产生持久的兴趣。比如，在教授前翻滚这一动作的时候，教师就可以设计出一个小火车游历大森林的游戏，让大家对其进行模仿，进一步活动关节和肌肉，并掌握翻滚技能。在游戏结束之后再组织大家开展"我很棒"这个活动，不但能够放松学生身心，而且能够起到一定自我暗示的效果。

（三）将口诀和歌谣联系起来，强化语言能力

智力障碍儿童在语言及沟通方面存在很大问题，所以在体育课中就要重点针对这些异常问题，选择一些大家比较熟悉的歌谣开展民间体育游

戏，如"找朋友""丢手绢"等游戏。在游戏的过程中，教师还要控制好节奏，并反复将游戏内容进行循环。在每次开始游戏之前，教师可以让儿童先将歌谣或者口诀说一遍，然后再进行游戏，使儿童渐渐形成一边说歌谣一边游戏的好习惯，这样能够强化儿童的语言能力，从而提高他们的语言和沟通能力。

四、民间体育游戏在培智运动与保健教学中的策略——以篮球游戏专门体育课为例

培智学校承担着智力障碍儿童的义务教育，其中包括体疗康复、缺陷补偿、职前培训等任务。培智学校中的学生由于其大脑皮层受到损伤，导致其认知能力、思维能力以及适应能力普遍较低，甚至有部分学生还伴有身体上的残疾，久而久之会影响他们身心的发展。智力障碍是永久的缺陷，既不是疾病，也不是精神病，不是药物可以治愈的。但是，智力障碍学生可以通过训练而发展其有限的潜能，增强其独立及正常生活的能力。所以，在新课程改革的推动下，培智学校的小学体育篮球教学地位逐渐提升，要求体育教师树立"游戏观念"，让培智学生更加积极主动地参与体育篮球教学活动，以此培养其实践能力、探究能力和身心素养。

（一）趣味性游戏的注入策略

正所谓"兴趣是最好的老师"。这一点用来形容培智学校的小学生是最为贴切的，因为他们的大脑皮层受到一定的损伤，所以其认知能力、思维能力受到一定的阻碍。而游戏是他们最为感兴趣的教学活动，趣味性的游戏可以有效地调动其更加积极主动地参与篮球学习，更可以让他们在趣味游戏的活动中提高身体的协调性，最终确保篮球教学顺利有效地开展。这就要求培育学校的小学体育教师应该在新课程开始之前做好充足的游戏准备活动，按照不同学生的认知能力设计不同的趣味游戏。例如，在开展

篮球传球技巧教授活动之前，一方面，教师可以组织学生进行传球游戏，让他们围成一个圈，依次进行篮球的传递；另一方面，教师可以将培智学生分为多个小组，让他们进行S型运球的趣味游戏，引导他们在充满趣味的游戏中更加深刻地理解篮球的运球技巧。在这种趣味性游戏的注入策略中，可以有效地激发培智学生的学习兴趣，并为教师讲授知识奠定良好的基础，可以有效地提高教学效率。

（二）竞争性游戏的注入策略

篮球运动属于一种球类运动，是奥运会中的核心比赛项目，是以手为中心的身体对抗性的体育运动。并且篮球游戏比较简单，它对场地大小和参加游戏的人数没有过多的限制，它最大的特点就是富有竞争性。在培智学校的小学体育篮球教育教学活动中，该课程开展的目的是提高小学生的运动能力，并引导其产生一定的竞争意识和认知能力。这就要求小学体育教师在具体的实践过程中，在篮球基础知识和技能讲述完毕之后，根据他们的学习情况和认知能力，组织竞技型的游戏或比赛，使他们的篮球技能得到进一步的强化和完善，从而更加有效地提高他们学习效率和积极性，帮助他们不断加深对篮球技能的印象。例如，教师在讲授完篮球运球技巧的知识以后，可以将培智学生分为若干个小组，开展篮球竞技比赛，教师作为评委记录每个小组的运球个数，对那些成绩优异的小组给予奖励。培智学校还可以举行投篮比赛、传球比赛以及运球比赛等多种竞争性的游戏活动，以提高培智学生的运动能力，从而帮助他们完成最基本的独立生活。

（三）组合性游戏的注入策略

篮球运动是1891年由美国人詹姆斯·奈史密斯发明的。篮球比赛是指将队员分为人数相等的两队，两队分别站在球场的两端，在裁判员向球场中央抛球后，双方队员立即冲进场内抢球，并力争将球投进对方的篮筐。

显而易见，篮球是一种多人合作的运动项目。所以，培智学校的小学体育教师在开展篮球教学时应该培养学生的合作观念，积极开展组合性的游戏活动，让培智学生按照游戏制定相应的规则，注重组合成员之间的配合。例如，在进行攻守平衡的训练活动时，教师可以将培智学生分为多个小组，培养他们的默契性，并引导培智学生之间互帮互助，形成一定的集体意识和合作观念，以促进所有培智学生的全面发展。

总而言之，在培智学校小学体育篮球教学中融入游戏是大有裨益的。小学体育教师在教学中融入多种类型的游戏，不仅可以促进小学生提高学习兴趣和积极性，还可以使学生的综合素质得到进一步的增强和发展。培智学校的学生由于其智力的影响，以往传统的教学模式无法吸引其学习兴趣，并且很难提高教育教学的效率。对此，在新课程改革的推动下，这就要求小学体育教师在开展篮球教学时，应该改变以往的教育理念和教学思想，创新教学模式和教学手段，将趣味性游戏、竞争性游戏以及组合性游戏等融入篮球教学中，以此不断提高培智小学生的学习热情，促进其身心健康发展。

五、民间体育游戏在培智运动与保健教学中的运用方法

对于低年级的学生来说，由于其智力和身体素质都比较差，非常喜爱运动，但无法在运动中实现良好的自我控制，由此经常处在无序运动当中。这就需要通过玩具辅助教学，提升他们的简单运动能力。

对于中年级的学生来说，其智力和身体素质都得到了一些提升，所以运动的难度可以适当提升，要注重运动的技巧性及灵活性，如可以重点强调奔跑的速度，进行双人接球训练，等等。

对于高年级的学生来说，其智力和身体素质已经得到了较大提升，反应能力也得到了一定发展，能够简单认识和理解一些游戏的方法及规则，

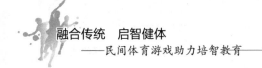

可以开展一些比较复杂的游戏项目，如投篮、跳绳、足球射门等。

六、民间体育游戏在培智体育与健康教学中的注意事项

（一）要具有绝对的耐心

智力障碍儿童通常学习能力都非常差，在沟通方面也比较困难，所以教师在体育教学中必须保证具有绝对耐心。一方面，在态度方面必须具备绝对耐心，能够真正理解和体会学生存在的不足，并不厌其烦地给他们进行讲解和示范，绝对不能情绪急躁或者方式粗暴，防止给这类儿童带来更为严重的心理伤害；另一方面，在教学进度上要保持绝对耐心，要时刻将学生的体验放在第一位，同时在教学时要重点考虑学生的兴趣点，必要时还可以直接放弃教学进度，一直到学生完全学会并掌握为止。

（二）要注重全方位培智

体育课采用游戏教学法会进一步促进体育教学，但是这种方式也存在一些不足。比如，单项体育游戏一般只能满足学生某一方面锻炼的基本需要，如果要实现全面锻炼，就要运用多项游戏结合的方式。但是智力障碍儿童认知能力比较弱，只会对自己熟悉的以及可以掌握的游戏感兴趣，一旦自己不熟悉就会产生强烈的排斥情绪，这给教学工作带来很大阻力。这就需要教师在教学时深入研究各种游戏的特点，并通过有效的引导及自我设计，激发学生的参与兴趣，实现多样化游戏和全面锻炼。

（三）持续更新游戏形式

智力障碍儿童与正常儿童一样都喜欢具有新鲜感的事物及活动，所以只要某个游戏出现的频次比较高，他们就会渐渐对其失去兴趣，从而无法起到预期的效果。因此在游戏教学过程中，游戏的使用频次不能过高，教师要适当将其形式进行变化，可以收到更多意想不到的效果，只有满足培智学生追求新鲜的心理特点，才可以持续保持他们学习的兴趣。

在培智体育课中开展游戏教学就是为了实现相应的教学目标，并以体育游戏为重要载体进行教学。合理运用游戏进行教学能够进一步激发培智儿童的学习兴趣，提升教学效率，实现弥补培智儿童缺陷和促进其身心发展的目的，也能够使课堂变得更为有趣，使培智儿童感受到运动的魅力，养成良好的体育运动习惯，提升社会适应能力。

培智学校低年段学生在年龄、心理、生理、情绪等多方面影响因素的限制下，不具有较强的接受能力，很难明晰体育课程的动作要领。为确保学生能够积极配合教师的各项教学环节，强化师生的教学合作能力，教师应着力探索针对低年段培智学校学生的体育教学策略。

1. 建立科学有效的日常规范

为确保培智学校体育课程的顺利开展，教师首先需要制定严格的日常规范，如考勤制度、着装检查、人数清点、整队集合等。在体育课程教学活动开始前，教师应向学生宣读教学目标与教学内容，组织学生参与热身活动。对于教学过程中出现违纪的学生，教师应耐心教导，不可采取中止教学或变相体罚等手段。同时，教师要组织学生遵守课堂纪律，明确体育活动的积极意义，使学生能够热爱体育活动，积极配合教师的各项教学活动，进而形成自主锻炼意识。教师通过引导学生有条不紊地参与锻炼活动，营造有趣、活泼、生动的教学课堂，能够促进学生进一步感受到体育运动的快乐，维护教师威信，保障教学效果。

2. 树立教师威信

为确保学生能够听从教师的教学安排并强化学生的团结合作精神，教师应做到言而有信、严于律己，不断提高思想意识与道德修养，强化心理品质与工作态度，以身作则，充分展现模范带头作用。对于培智学教育的学生而言，他们对教师的第一印象极为重要。大多数学生对于教师的第一印象会很深。基于此，教师应认真严肃地对待教学阶段初期的课程，妥善应对突发事件。比如，从把控教学态度、器材送还、值日安排等方面着手，树立自身威信。此外，教师还应具备一定的同理心与耐心，从学生角度进行思考，尽可能了解培智学校学生的内心世界，强化师生间的交流互动、沟通，确保自身能够不偏不倚、公正地对待每个学生。

3. 调动学生兴趣

对于培智学校低年段学生而言，其兴趣始终是参与各项活动、探寻事物的原动力。基于此，教师应注重营造和谐、民主、趣味性的教学课堂，以调动学生的兴趣，强化学生的课堂参与度。教师还应深刻了解低年段学生的性格特点、兴趣爱好以及情绪缺陷，结合学情实际，优化课堂教学氛围；注意教学卫生，调动学生兴趣。低年段学生正处于心理素质与身体素质发展的关键阶段，具有极强的求知欲、好奇心，他们贪玩、好动、活泼且热爱表现自己。由于培智学校学生的特殊性，部分学生也不爱运动、自闭、易怒，这就使得教师很难抓准学生的特性。但是，兴趣是体育教学的共同点，通过调动学生的兴趣并吸引其注意力，有助于提升体育教学质量，帮助学生更好地完成技术动作。简而言之，教师应尽可能调动学生的兴趣，使其能够积极主动地投入到各项体育活动中，进而增强自身体育素养。

4. 运用童趣化的教学语言

在低年段的体育教学进程中，童趣化的语言极为重要。教师在与学生进行沟通交流时，应结合其兴趣爱好、性格特点、心理状态，把握其语言特点，尽可能使用童趣化的语言活跃课堂氛围。例如，在整队集合时，教师应说："我们比比看，哪组同学能够以最快的速度排成最整齐的队列。我们比一比，哪个同学能够做出最棒的动作并保持最安静的站立姿态。"再如，在组织学生参与接力比赛时，教师应多用叠词，增强童趣："让老师看看哪组同学的声音更加洪亮整齐。比比谁的助威声更响亮。"通过引入童趣化的语言，有助于拉近师生距离，打开学生心扉，使其能够感知融洽、亲近的活动氛围，进而强化体育教学质量。

5. 引入形象的教学示范动作

培智学校低年段的学生出于本性，更喜欢模仿教师的动作，更偏爱形象、直观的教学方式。基于此，教师在开展体育教学活动时，可运用生动、形象、优美的动作示范各教学动作要领，使学生能够正确理解各项运动技术动作，调动学习兴趣。比如，在围绕七彩阳光进行教学时，教师可运用形象化的动作示范要领并配合通俗易懂的教学语言，编制动作口诀。比如，第一八拍口令：右上、左踢、左回、右回、左侧、左回、右侧、右回。在围绕跳跃运动进行教学时，教师可按照各节拍示范动作要领。比如，第一个八拍口令：右拍拍、左拍拍，分腿、分腿、分腿、并腿；第二个八拍口令：左拍拍、右拍拍，分腿、分腿、分腿、并腿。教师借助上述生动形象的示范动作，能够加深学生对于动作要领的认知，使其更好地完成教学任务。简而言之，形象化的示范动作有助于培智学校的学生更好地配合教师的各项教学活动，进而达成预定的教学目标。

体育教师应深刻意识到培智学校低年段学生的特殊性，通过建立科学有效的日常规范，树立教师威信，调动学生兴趣，运用童趣化的教学语言，引入形象的教学示范动作，强化低年段小学生的合作意识，进而增强体育教学效果。

七、民间体育游戏融入课堂教学

爱玩是孩子的天性，玩是孩子的权利。联合国《儿童权利公约》规定："儿童有权享有休息和闲暇，从事与儿童年龄相宜的游戏和娱乐活动，以及自由参加文化生活和艺术活动。"由此可见，民间体育游戏对孩子来说是多么的重要。特殊儿童智力发展缓慢，在言语、动作、情绪等方面都存在一定程度的障碍，但是他们与普通孩子一样喜欢玩，也期望理解民间体育游戏的玩法和享受民间体育游戏带来的乐趣，并在民间体育游戏中获得积极的体验。民间体育游戏教学能培养特殊儿童的主动性，提高特殊儿童与他人的交往能力。民间体育游戏教学法将民间体育游戏与教学相结合，采取民间体育游戏的方式进行教学，让学生体验在玩中学，既玩得开心又学到了知识，因此民间体育游戏教学成了特殊教育学校可行的教学方式之一。

（一）民间体育游戏教学概述

1. 民间体育游戏教学的定义

民间体育游戏教学是指围绕教学目标，将民间体育游戏形式融入教学的一种教学形式。民间体育游戏教学就是从儿童的心理特点和目前教学实际出发，在教学中尽可能地将枯燥的语言形式转变为学生乐于接受的、生动有趣的民间体育游戏形式，为学生创造丰富的语言交际情境，使学生在玩中学、学中玩。民间体育游戏教学不应简单地理解成一种教学形式或教学方法。

2. 民间体育游戏教学的优势和技巧

民间体育游戏教学法是以民间体育游戏为基础，让学生能主动参与到教学中来。在特殊教学的课堂上，学生与学生之间的差异较大，每个学生都是独立的个体，课堂教学活动都是围绕学生的兴趣和能力出发的。而民间体育游戏的种类又是多种多样的，所以说民间体育游戏是最能引起学生兴趣的自由活动方式。它既符合学生的心理年龄特征，又能集中学生的注意力，调动学生的积极性、主动性和创造性。它是一种儿童与生俱来的能力，也是唯一可以通过非语言进行沟通和交流的方式。针对儿童这种与生俱来的能力，我们就可以利用民间体育游戏进行有目的的引导。

（1）民间体育游戏要有目的性

由于民间体育游戏的方式是多种多样的，所以在设计民间体育游戏的时候就应该带有明确的目的性。民间体育游戏室内的每一种玩具，都可以被赋予其不同的民间体育游戏目的通过非语言的方式进行表达与探索，借鉴不同的民间体育游戏方式，在进行民间体育游戏学习时，能让大多数学生热切地探究他们的学习项目。

（2）民间体育游戏要有启发性

民间体育游戏的开展不仅仅是因为学习、巩固知识、活跃气氛，也是为了开发学生的智力，培养他们的能力。在设计民间体育游戏时可以添加一些富有创造性和挑战性的内容，使民间体育游戏在进行的过程中能让学生发挥想象。在利用民间体育游戏的启发性的同时，教师也要考虑到学生的程度，将难度把控在"跳一跳就能摘到桃"之内，这样学生会更愿意参与到民间体育游戏中，并获得成就感。

（3）民间体育游戏要有多样性

民间体育游戏玩多了学生也会觉得没什么意思，对该民间体育游戏失去兴趣，因此教师要不断地挖掘民间体育游戏内涵，不断寻找适合学生的民间体育游戏。在选定民间体育游戏的时候，我们可以将一个民间体育游戏翻着花样来玩，如变一下民间体育游戏规则，修订一下民间体育游戏的内容，让学生能继续保持热情，玩了还想玩。

（4）民间体育游戏要有灵活性

教师在开展民间体育游戏教学的过程中要把握好度，在适当的时候开展适度的民间体育游戏，在课堂中要把控民间体育游戏的节奏，注意课堂气氛，并调节好课堂氛围，当出现状况的时候，要学会灵活处理。民间体育游戏要服从教学要求，即围绕教学要求开展民间体育游戏教学。

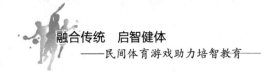

（二）培智学校民间体育游戏课程的应用与探究

民间体育游戏深受儿童的喜爱，民间体育游戏教学的重要性也日益突出。我们根据培智学生的水平，精选了大量的民间体育游戏。为了能让学生都参与到民间体育游戏中来，我们选了一些适合中重度特殊学生的民间体育游戏教学内容。各类民间体育游戏的内容具体如下。

1. 语文民间体育游戏

看图学说话：给学生看一些动物的视频，听听动物的叫声，试着让学生来模仿，让中重度的特殊学生达到开口说的目的。

词语开花：一个字组成不同的新词，该民间体育游戏可以帮助能力强的学生丰富词汇。

模仿秀：跟着教师的口型说，如"啊"，让学生仔细观察教师的口型，看着教师。跟着模仿时，教师将学生的一只手放在自己的喉咙处，一只手放在学生的喉咙处，感受"啊"的音。这个民间体育游戏可以使学生从不会发音到学会发音，最后会较准地发音。

2. 体育民间体育游戏

夹沙包走：两人一组，将沙包放在胸前夹紧，两人的手可以抱住对方肩膀，然后步伐一致地向终点快速行进。这个民间体育游戏可以提高学生的体能，锻炼学生的合作能力和创新能力。

乌龟搬家：请学生来扮演小乌龟，设置一个情境，说小乌龟要搬去一个新的家，可是要穿过荆棘丛，就要很小心。在搬家的途中，身体要贴地面，头要侧一侧，手肘带动身体爬，屁股也要低一点，这样就可以顺利过去啦！该民间体育游戏能提高学生的协调性，让学生学会匍匐爬，提高学生爬的能力。

袋鼠旅游：探索布袋的玩法，站进布袋里变身成为"小袋鼠"，可爱的"小袋鼠"要旅行了，它跳过小河，跳过草地，跳进了森林里。在旅行的过程中，"小袋鼠"要小心不要跳得太高，不要跳得太快，不要急。这个民间体育游戏可以培养学生的独立勇敢的精神，让学生学会双脚跳。

3. 感知觉民间体育游戏

（1）听觉民间体育游戏

听音寻物：教师将一个物品藏在教室的某一个地方，让学生听声音去寻找，离物品越近，声音越响；离物品越远，声音越轻，在声音的引导下找到物品。这个民间体育游戏训练学生的听觉能力。

（2）视觉民间体育游戏

走迷宫：画一幅简单的图形给学生看，再让学生凭着记忆将图形画出来。由简单到复杂，学生画不出来就降低难度，之后再慢慢缩短观察记忆的时间，增加图形难度。这个民间体育游戏能锻炼学生的视觉处理能力，也能训练学生的记忆力。

（3）触觉民间体育游戏

隧道转圈：学生钻进"隧道"，在"隧道"内放置毛巾、积木、海绵垫等，让学生体会在不同触觉刺激下的身体活动，同时在学生进入隧道后教师滚动隧道。注意开始转动的幅度不要太大，可左右转动几次后再向某一方向转圈，转动中教师要与学生进行语言交流，视学生的反应情况决定训练时间。这个民间体育游戏一来可以刺激学生触觉神经，二来可以积累学生的触觉生活经验，增强学生照顾自己的能力。

（4）味觉民间体育游戏

看表情猜味道：准备好酸、甜、苦、辣、咸五样食物，先给学生展示一下食物，最好是常见的食物，然后教师表演吃到食物后露出夸张的表情，请学生来猜猜看，吃的是什么味道的食物。这个活动不仅能加深学生对食物的印象，也能让学生尝到食物的味道，记住食物的味道。

我们把民间体育游戏引入教学中的时候要注意对民间体育游戏形式

的控制，无论怎样的民间体育游戏都要符合学生的发展需求与发展情况，不能对他们的发展起到消极作用。民间体育游戏时间要控制，不能让学生沉迷民间体育游戏，学生往往自控能力不足，需要教师把控好时间。民间体育游戏的难度应在学生能接受的范围内，难度过低和过高对教学都会产生反作用，需根据学情来设计民间体育游戏，这样才能对教学起到推进作用。

八、民间体育游戏融入大课间活动

培智学校的学生多为智力低下的自闭症、唐氏综合征等儿童，这就意味着学校教育面临着诸多挑战，教师在教学指导中不仅要付出更多的耐心和细心，还要仔细了解学生的情况，做到因材施教。小学体育教师在带领学生进行体育活动时，首先要融入学生中，增加对学生的了解和认识，然后明确学生的身心特点，把握学生的现实情况，帮助学生学习体育知识，构建学生的学习意识。在学生有一定认知基础之后，教师要组织学生实践，加强对学生的训练，确保学生身心都得到相应发展。

（一）明确体育教学目标，增加与学生的互动

培智体育教师在带领低年级智力障碍学生进行体育学习的时候，首先要明确体育课堂教学的目标和任务，知道在教学活动中应该完成哪些方面的指引，应该帮助智力障碍学生得到怎样的发展，应该为智力障碍学生提供怎样的助力，等等，做到心中有数，更好地设计教学方案，使其符合智力障碍学生的需求，唤起智力障碍学生的参与动力。而这些都需要教师增加与智力障碍学生之间的沟通，及时了解智力障碍学生的想法，拉近与智力障碍学生之间的距离，确保体育教学顺利进行。

例如，在组织学生进行跳跃的时候，笔者先是利用图片、视频等向学生介绍跳跃这一动作，让学生在观察的过程中进行模仿，感受跳跃的乐

趣。在学生产生兴趣之后，笔者积极地与学生沟通，借助手势动作来辅助学生理解，利用鼓励性语言来安抚学生，缓解学生的焦虑感，减轻学生接触新事物时候产生的学习压力。在稳定学生的状态之后，笔者会结合教学内容来明确学生的学习目标，然后循序渐进地将学生带进课堂中，引导学生掌握了解跳跃的意义和技巧。学生在互动中增加了对教师的信任，能够跟随教师学习跳跃知识，有了清晰的学习方向。

（二）分析学生的身心特点，传播体育健康知识

培智体育教师在关注低年级智力障碍学生运动的时候，要善于分析智力障碍学生的身心特点，知道阻碍学生进步的因素，发现学生的优势，然后更好地带领学生学习体育知识，丰富学生的学习框架。教师可以从学生的生理、心理两方面入手，让学生了解自己的身体状况，培养学生健康的心理。

例如，在带领自闭症儿童学习体育知识的时候，笔者先是采取了宽容、理解的态度来接纳自闭症儿童，然后从科学角度入手矫正自闭症儿童的异常行为，让他们信任教师，然后向其传播体育健康知识，使其知道自己的身体构成部分，在运动的过程中机体会得到怎样的锻炼，运动能够给人带来怎样的精神变化，在遇到挫折的时候应该保持怎样的心态等等。笔者也会挖掘学生的特别能力，然后对学生进行表扬，让学生在体育健康知识学习的过程中增强自信，营造良好的体育知识学习环境。

（三）带领学生参与实践，丰富学生的运动技能

培智体育教师在指导智力障碍学生进行体育运动的时候，要为学生创设实践的机会，使学生在切身体验中感受到运动的魅力，帮助学生解决运动中出现的问题，让学生的校园生活变得多彩起来，丰富学生的运动技能。学生在实践中会获得成就感，变得自信、自豪，改善自己在运动中的不足。例如，在带领学生学习小篮球的时候，笔者先是将学生分成了若干

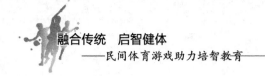

小组，然后为学生创设了相应的游戏活动，使学生在游戏的过程中逐渐进入到学习状态，让学生适应与人协作的模式。接着，笔者组织学生进行小篮球活动，对学生的表现进行观察，然后针对学生在运动中出现的问题加以指导，让学生知道自己在哪些方面存在不足，使学生在反思中成长，起到启迪学生、激励学生、提高学生的篮球运动技能的作用。

在培智教学中融入民间体育游戏，教师通过帮助明确体育教学的目标，增加了与学生的互动；通过分析学生的身心特点，向学生传播了体育健康知识；通过带领学生参与实践，提高了学生的运动技能。学生在教师的悉心指导下，发生了较为显著的变化，能够由以往的不了解、不关心学习，发展成专注学习、积极学习，由以往的不善于沟通、不主动沟通发展为喜欢交流、善于交流，拥有了适合自己的成长环境。学生不仅能够得到运动方面的熏陶，还能得到心灵方面的熏陶，努力地享受生活，享受成长，获得全面发展的机会。培智体育教师立足智力障碍学生的身心特点来对学生实施体育教育，为学生创设了适宜的运动环境，耐心地帮助学生了解体育，唤起学生参与体育的兴趣，为学生体育发展打下坚实的基础。

（四）游戏案例——"木头人"

"木头人"：

"山山山，山上有个木头人，一不许动，二不许笑，三不许露出大门牙！"

"木头人"是一个可静可动，适宜于儿童参与的民间体育游戏。小朋友们在有趣游戏中，既能增强体质，还能够培养合作意识。

"木头人"游戏不需要辅助器材，在室内或户外均可进行。它的形式可以是两人或两人以上的小组。接下来让我们看看"木头人"游戏都有哪些玩法吧！

1."木头人"简易版玩法

游戏简易玩法可在室内进行,两个人或者多个人,坐着和站着都可以,一起喊口令:"山山山,山上有个木头人,一不许动,二不许笑,三不许露出大门牙!"喊完口令,所有人立即保持静止状态,无论本来是什么姿势,都必须保持不动。谁先忍不住动了,如说话,或者行动,则判定这个人输。

2."木头人"传统玩法

"木头人"游戏在操场、草地等宽阔平坦的地方可进行。这个游戏开始之前,参与游戏的小朋友可以通过动作游戏进行热身运动,然后大家用"石头、剪刀、布"来决定谁来当号令者。

(1)一个人当号令者,背对着站着远离其他人,并快速地喊完口令:"1,2,3,木头人!"喊完的同时回头看其他人,如果发现有人还在动,被发现者游戏出局。如果没有人动的话,号令者则会转身,再次喊口令,循环进行。

(2)号令者喊"1,2,3"的时候,其他人要尽快到号令者所到的位置,到达终点的人要触摸号令者,最好让号令者没有察觉,

(3)然后大家同时转身跑回安全区。其他的小朋友开始玩这个奔跑追逐的游戏,闪躲号令者的追、抓。

(3)在追的过程中,被追的小朋友眼看就被追上的时候,只要喊"木头人"并且立住不动,追人者只能继续去搜寻下一个目标或者在旁边寻找机会抓人。

(4)当号令者跑去追另一个对象的时候,一起的伙伴们就过来用手轻拍一下同伴的肩膀或者背部,原本"立住"的人就可以继续游戏。

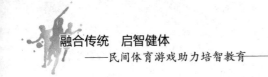
九、民间体育游戏融入学科教学

（一）民间体育游戏融入语文学科教学

1. 小学语文游戏化教学的内涵及意义

游戏化教学指的是教师根据学生的身心特点和所学内容，选择不同的游戏融入语文课堂教学，进而增强语文学习的趣味性。将游戏和教学相结合有利于提高学生学习的积极性，丰富课堂内容和课堂形式，有利于推进多元化课堂的开展。少年儿童天生就喜欢玩游戏，将游戏和教学相结合，有利于保护少年儿童的天性，如在学习"雪地里来了一群小画家"的时候，教师可以让少年儿童扮演不同的角色，在班级开展情景剧表演，进而让学生充分了解每个动物脚印的特点和本文的写作手法，表演完以后，学生也会非常开心。那么，教师此时可以进行提问：同学们还知道哪些小动物的脚印呢？可以和大家分享一下。进而鼓励大家积极分享。这样既可以调动学生上课的积极性，提高学生对课堂的参与度，又有利于活跃课堂气氛。

2. 小学语文游戏化教学的策略

（1）教师应转变教学观念

教师应该转变传统的教学观念，改变教学方式，充分发挥学生的主体地位，改变之前死气沉沉的课堂气氛，将游戏引入课堂并且把握得当，进而提高学生学习的积极性，提高小学语文课堂的效率。比如，为了强化学生对语文词语的识记，教师可以在班级开展认识词语一条龙认读字词卡片的游戏；在期末总复习的时候，教师可以抽出专门的一节课来加强学生对词语的记忆，借助多媒体来展示整本书中的重要词语，然后让学生轮流来回答。学生在回答的过程中思考不能超过三秒，如果超过，那么就得接受惩罚。对于回答不上来的同学，教师可以让其领读一部分词语作为惩罚。

此类活动的开展有利于让所有的学生都参与进来，还可以提高课堂的活跃度，对于一些掌握不好的学生来说，适当的领读有利于加深其对词语的印象，从而更好地掌握词语。除此之外，教师还可以开展"随意接龙"的游戏，此类游戏的规则为利用课件展示提前准备好的词语，首先游戏开始之前由教师任意挑选一名学生回答问题，当这名同学回答完以后，如果回答流利且正确，他就可以选择班级任意一名同学来回答下一个未知的问题，以此类推。此游戏的开展有利于提高学生的课堂认真度，没有提问到的学生就会非常认真地准备。教师还可以制作"特别名单"，即把每名学生的名字写在小纸板上，然后上课的时候，随机抽取任意一个回答问题。教师也可以直接将课堂和多媒体等现代化的教学手段相结合，直接利用滚动大屏幕来随机点名，这样的方式既有利于吸引学生的眼球，又有利于增强课堂的趣味性，在一定程度上还能督促学生认真听课。

（2）开展多种方式的游戏教学

教师在教学的过程中，应该根据学生特点和教学内容制定不同的教学方法，如在上语文课的时候，可以进行成语接龙、角色扮演等，丰富的教学活动有利于活跃课堂气氛。少年儿童由于其年龄特点，当课堂上有活动的时候，他们就会非常愿意表现自己，积极主动地参与到游戏当中，在无形中有利于提高学生的学习效率。比如，教师在讲授《要是你在野外迷了路》这节课的时候，可以在学完课程以后让学生在班级进行情景剧表演《当你在野外迷路后会怎么办？》本节课属于说明文，因此比较枯燥，那么以情景剧的形式在班级开展活动，可以加深学生对书本内容的印象，表演的学生会为了获得更好的表演效果而努力地记住课文当中出现的方法。除此之外，教师还可以鼓励学生在日常生活中学以致用，积极观察，验证书本上的知识，这样有利于学生活学活用，并且养成爱钻研和观察的良好行为习惯。除了在课堂当中开展情景剧之外，教师还可以在班级举办故事

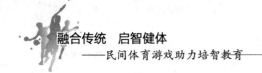
会。比如，在学习《丑小鸭》一课以后，可以鼓励学生课下搜集有趣的故事，并且在课堂上和同学们分享，等等，诸如此类的教学活动有利于提高课堂活跃度。

3. 游戏在语文基础教育中的重要性

我国小学教育的目标是发展学生的听、说、读、写技能，同时激发学生的学习热情和兴趣，从小培养学生的创造性思维和实践能力，促进学生身心健康发展，提高学生的综合素质。在小学语文教育中，游戏教学非常重要。

（1）有趣的游戏方式可以营造良好的学习氛围

游戏教学是传统教学理念"寓教于乐"的现实体现。夏红岩曾在《中国小学游戏教学策略》一文中说："游戏精神以一种独特的个人精神表达了幸福、放松和自由游戏的精神。"这种游戏精神可以与课堂相互融合，对知识的好奇心和渴望可以鼓励学生积极学习，游戏教学方法为学生创造了轻松、愉快和积极的学习环境。

（2）增强学生的学习兴趣

兴趣是学生最好的老师，游戏是孩子的天性要求。英国著名的教育家洛克曾经说过："孩子天生就是喜欢玩游戏并有自由的人。"因此，语文学习应不限于书本知识，这种灌输式学习的方式只会破坏儿童的天性，并让学习变得无聊。少年儿童从小就学习语文知识，是对中国传统文化的一种传承。通过教室中的游戏活动传达特定的精神，不仅可以提高学生的学习热情，还可以激发学生学习中国传统文化的信心，从而使学生从小就对学习文化有兴趣，为将来的学习打好基础。

（3）促进学生身心和谐发展

小学语文教学目标不仅可以培养学生简单的听、说、读、写技能，而且教师可以根据学生的认知水平和心理特征来开展趣味性、情境性的游戏，以促进学生身心和谐发展。在语文教学中，教师应该鼓励学生主动参加游戏活动，让学生通过游戏了解和体验世界。如今，语文课堂不仅是传播知识的场所，而且是学生重要的精神世界。此外，游戏本身具有变化性和灵活性的特点，可以提高少年儿童的接受能力和决策能力。这种学习方法为学生创造了一个轻松愉快的学习环境，使学生能够通过吸收知识更好地表达自己，更好地与同学和老师交流，从而丰富精神世界，促进身心和谐发展。

（4）培养学生的想象力和创造力

少年儿童的特点是好奇和活泼。传统的机械教学不能满足学生的学习需求，只会压抑学生的天性。游戏本身的精神体现为一种创造性的精神，这种精神摆脱了功利主义的语文教学。将游戏精神融入语文课堂使学生能够通过协作与讨论加深对问题的理解并充分发挥自己的主体地位，从而有助于教师挖掘学生的语言潜能，帮助学生发展思维能力并激发学生的学习兴趣，有利于学生想象力和创造力的培养。

4. 小学语文游戏教学法的应用策略

（1）开展知识竞赛，调动学生的竞争意识

学生有很强烈的荣誉感，希望教师能在同学面前表扬自己，以满足自己的好胜心和虚荣心。教师应在课堂上组织语文比赛，以充分利用学生的好胜心理，调动学生的比赛积极性，并称赞和奖励取得良好成绩的学生。但是，比赛的方式应该多样化，学生的热情也不应受到复杂规则的限制。举办诗歌朗诵比赛时，学生不需要背诵课文，只需要灵活使用教科书，教师应该鼓励成绩不理想的学生积极参与游戏活动。

（2）开展小组对抗赛，培养学生的合作意识

小组教学是小学语文教学方法之一。合作意识是学生从小就应该具备的优良品质。教师在开展游戏教学法时，可以使用团队对抗模式来培养学

生的团队合作意识。学生在团队中扮演不同的角色，与队员一起对抗另一个团队。例如，教师在安排学生小组讨论时，可以根据学生的特征和能力分配小组任务，语言能力强的学生负责口语，逻辑能力强的负责分析，写字速度快的负责记录，等等，让学生通过团队协作来提高整个团队的学习效率。

（3）使用技术开展有趣的文字游戏

大多数学生在很小的时候就接触过各种游戏设备，他们知道如何使用计算机和手机。游戏设备是少年儿童休闲娱乐的主要渠道，但游戏是一把双刃剑，休闲游戏让学生放松，也会让学生上瘾，许多学生沉迷于各种游戏中，从而对学习产生负面情绪。但是，如果正确使用游戏，它也可以成为学生学习的工具。教师可以利用信息技术设计有趣的文字游戏来吸引学生的注意力，如让学生玩一些发音扫盲小游戏，学生在玩这些文字游戏的同时可以进行识字、背诵成语或者诗歌等学习活动。学生通过玩文字游戏来掌握语文知识，这不仅可以满足学生想玩游戏的天性，还可以满足学生的语文学习需求。

5. 小学语文游戏化教学策略分析

（1）改变教学观念，调动学生积极性

在小学语文的教学工作中，教师也是需要跟上时代的步伐、更新自己的教学观念的，一味地使用传统教学模式只会让整体的教学水平停滞不前，更容易受到新式教学法的冲击，造成不可忽视的影响。所以，教师及时转变自身的教学观念，汲取时代发展中迸发出的火花，并内化成为自己的经验，采取与教材内容相结合的游戏化教学法，在语文课堂上调动学生的学习积极性，引导学生自发地学习小学语文知识，树立学生学习的正确意识，促进教学水平的提高。

然而教学观念的转变不是一蹴而就的，前提是教师首先要确立自身对于游戏化教学的正确意识，再通过各种方式来进行实践，深入地认识游戏化教学方式。教师可以尝试同时用传统教学法与游戏化教学法两种方式，结合学生的实际表现来证明自己的认识。比如，在学习《富饶的西沙群岛》这篇课文时，教师首先可以让学生有感情地朗读一遍课文，让学生对课文原文有初步的印象，再通过学生的朗读情况观察他们是否具有学习的积极性，然后再尝试用游戏化教学来观察学生是否发生了变化。

（2）创新游戏化教学方式，构建新型课堂

在教师深刻认识到了游戏化教学对于学生的作用之后，教师就要及时地对自身的教学方式进行改革，针对学生的课堂表现来研究设计既适用于少年儿童又能够传播教学知识的课堂游戏。如此一来，教师就会面对如何进行教学方式改革的问题，所以，要想解决根本问题就要深入学生群体当中，与学生形成良好的师生关系，然后切实了解学生的兴趣爱好，有选择地融入自己的教学策略当中，用学生感兴趣的、喜闻乐见的方式来构建自己的游戏化语文课堂，将游戏真正融入教学当中，取其精华，将语文课堂渲染成为新型、顺应时代潮流发展的大课堂。

比如，在学习《守株待兔》这篇课文时，课文原文对于少年儿童来说其实是有些晦涩的，并且单薄的文字语言也很难支撑起学生的学习兴趣，所以教师要适时地展开自己的游戏化教学，将教材内容合理地融入游戏当中，教授学生学习新的知识。例如，教师可以让几个学生根据自己的意愿来分配农人与小兔子、树桩的角色，编排一段表演，让学生将课文中所涉及的关键词句用实际动作表演出来，不仅能够让学生在表演游戏中体验"守株待兔"的真正含义，还能够用行动来理解课文内容，在游戏中懂得不要被眼前的利益所迷惑而放弃自己坚持的东西，避免因小失大。

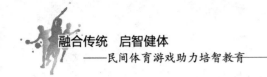

（二）民间体育游戏融入数学教学

1. 设置灵活且多样的游戏

现代学生智力的发育在很大程度上影响了现在的课程知识传授的水平，由于少年儿童注意力不能够长时间地集中，对于他们来说，一些抽象的公式、概念或者枯燥的计算题目，很容易分散其注意力。对于这样的情况，教师可以设置一些生动灵活的游戏活动，如设计一些有趣的导入情境，或者一些具有操作性的动手游戏，这样就可以引发学生对新知识学习的求知欲和兴趣。例如，在教授一年级数学下册《认识人民币》时，对于各式各样的人民币，学生是很难做到一个个了解和记住的，所以教师可以通过设计"你来猜"的游戏来让学生猜猜东西的价格，在猜的过程中，也可以展示一些学生最经常见的身边的生活用品，来让学生比赛，比一比谁能最快说出商品的价格来。教师可以适当给予一些提示，如差不多价钱，在什么范围，等等。同时教师要注意教室的学习氛围，引导学生积极讲话，让学生大胆地参与活动。通过这样的游戏，不仅充分调动了学生学习的积极性，也让学生学习和掌握了新知识——人民币的认识。

2. 在探究中渗透团队合作意识

在学习小学数学的过程中，课堂游戏的生成通常需要多个人的合作，小组互相合作或者同桌互助的方式越来越普遍。在讲授知识中，通过小组合作参与游戏环节可以培养学生的团队意识，也能够培养学生分工合作与分析探究的能力。例如，在教授小学图形认识中，一个教授的难点就是认识图形，特别是在教授三角形、平行四边形等几何图形的了解与转换过程中。再如，在给学生讲解关于平行四边形的知识时，可以把学生分成组，发给他们教具，让学生用教具进行小组合作，并且根据手中的教具来分析平行四边形的特点和特征。学生通过集体动手与讨论，不但可以学到很多知识，还能加深他们的感情交流，培养他们合作的意识和合作能力，让课堂教学达到预期目标。

3. 在游戏中学会创新

每个少年儿童都有很强的求知精神和好奇的心理，并且在动手操作和独立思考等方面都有自己的长处。在小学数学学习过程中，教师可以亲自参加游戏，尽力把最好的游戏展示给学生。设计的游戏不但要贴近学生的实际情况，还要充实学生的思维想象，培养他们的计算能力和创新意识。好的课堂不仅要让学生理解这些知识，更要让学生灵活运用所学的知识，将这些学到的知识变为自己的技能，去灵活地运用这些技能解决问题，在学的过程中可以锻炼学生的创新思维与思考能力。同时，数学游戏可以设置一些相对开放性的活动，不要给学生过多限制，只需给学生设立一个大概的范围，然后引导学生充分展开自己的想象，充分展现自己的个性。这种没有限制的活动可以给学生很多想象空间，可以把学生的创新和创造力充分激发出来。例如，有的小组开展了比较大小的游戏，小组中的两人各随机抽出一张数字卡片，抽到大数的学生给抽到小数的人出一道计算题或者解决问题，通过这样的游戏来让学生将所学过的新旧知识联系在一起，不但使学生轻轻松松地学会了新知识，还提高了他们的思维与创新能力。

4. 在游戏中完成作业

学生完成课后作业是对学习数学知识的有效补充，是巩固新知识的重要手段。作业是学生巩固知识的重要途径之一，是他们理解和掌握知识，从而学会生运用知识去解决实际问题的有效方法。它对拓展学生的思维空间起着重要的作用。在教学中，如果学生的作业比较单一，作业量比较大，对于好动的他们来说是一种包袱，不仅不能使学生得到相应的巩固与提升，反而还会让学生失去了求知兴趣，因而对于作业只能消极地完成。以玩的形式做作业，进而完成作业，对于小学低年段的学生来说，更符合他们的天性。例如，在学生认识时间的知识后，教师可以让学生自己独立制作一个钟表，也可以让学生在时钟上画画、说说时间等，这样的作业才更有趣味，更容易激发学生对写作业的激情，从而使学生更快地完成作业。

在游戏教学是小学数学学习过程中的一种新型的教学方法，在近年来其效果越来越显著。在教授中把教学内容，特别是教学重难点用游戏的方式融入课堂教学中，通过引导学生参与游戏活动，营造了轻松自在的学习气氛。在这样的气氛中，学生对于学习会表现得非常积极，会通过游戏轻松愉快地探究知识，从而放下了学习中产生的压力。在参加游戏的过程里，学生不但获得了新知识，学会了独立思考和自主学习的能力，还通过所学的知识解决了游戏中的问题，从而在游戏中体会到了学习数学的奥妙与乐趣。

5. 创建游戏情境，点燃课堂氛围

少年儿童在数学课堂中感受最多的就是计算，这样枯燥的计算让少年儿童学习数学的积极性直线下降，这时数学教师就应该加强对少年儿童数学学习积极性的把控，注重让少年儿童在快乐的课堂教学氛围当中学习数学知识。这样做既能够提升少年儿童的情感表达能力，又能够锻炼少年儿童的思维能力，进而激发少年儿童的求知欲望。

例如，在教学"时分秒"这一教学内容时，数学教师可以让小朋友围成一个圆圈，每个小朋友代表时钟上的一个数字，其中一位小朋友站在圆圈里面，圈外的小朋友要向站在圈里面的小朋友问："小朋友几点啦？"圈里面的小朋友要回答："小朋友我来答。"圈外边的小朋友："现在几点啦？"圈内小朋友："1点啦。"此时教师将喊1点的小朋友要和圈里面的小朋友互换位置。如此重复，直到每个小朋友都参与一遍。通过这个游戏，可以让小朋友准确地了解到钟表上的数字以及数字在钟表上的位置，也可以帮助少年儿童更好地记忆和提高反应能力。

6. 小学数学游戏教学策略探索

（1）改变数学教学方式，增设游戏实践活动

培智阶段的数学学习应该以激发学生学习数学的兴趣为前提，若是学生失去了学习数学的兴趣，那么这门课程对于学生来说就是被动式的内容学习和知识接受。另外，由于数学课程相较于其他课程来说抽象性较强，对于学生来说存在着理解上的难度与挑战，这就导致了学生在数学的学习中出现了畏难情绪和抗逆心理。教师通过在数学课堂教学中设置游戏，改变数学教学方式，可以激发学生的数学学习兴趣。比如，《观察物体》的课程学习，这节课的主要教学内容就是让学生多元化、多视角地观看物体，从而在生活中也能够从多个维度出发去思考问题。教师在进行教学中，可以提前准备一些物品，如正方体、小熊、汽车模型等，在课堂教学推进中，教师将物体摆放在中间位置，让学生围绕成一个圈画出物体的形状，学生画完之后，让学生展示物体的形状。可以知道，学生是从不同角度进行的画图游戏，进而画出的物体形状也完全不一样。学生亲自体验画图游戏，会让他们对本节课的体会更加深刻。

（2）结合数学课程内容，科学、合理地设置游戏

巧用游戏的关键就在于巧，如果教师在数学教学的推进中为了设置游戏而设置游戏的话，就会让游戏的设置流于形式，不会对学生数学的学习产生实质性的作用。这就要求教师在游戏的设置上，应该充分结合数学教材，按照数学教学的大纲要求和目标，科学、合理地设置游戏，从而让游戏与教学内容产生深度的链接。巧用游戏的主要目的就是激发学生的数学学习兴趣，教师需要从这个角度出发构思游戏内容、规则，从而让学生通过游戏实现数学核心素养与思维品质的养成。比如，在《认识图形》的课程内容学习中，需要学生准确地掌握图形的形状、特征。教师如果直接讲述图形的基本理论知识，学生很难理解图形的形状、特征以及实然状态是

怎样的，进而也会对图形的定义、特征等相关概念性的描述产生了困惑和迷茫。教师可以在《认识图形》的教学推进中设置游戏，让学生通过游戏的参与来理解与掌握图形的基本形状和特征。比如，教师将图形模型提前准备好，让学生猜谜语，如四条线一样长，围成一个框是什么图形，给出学生谜语的答案范围，让学生猜一个图形即可。这样的猜谜游戏活动的互动可以有效地增进学生的学习兴趣，发挥学生课堂学习的能动性，有助于学生构建数学的核心素养和思维品质。

7. 如何科学有效地进行游戏化教学

（1）根据教学内容，科学设计游戏教学环节

教师进行游戏教学时，要充分认识到游戏教学并不是教学的目的，而是一种教学手段。数学教学真正的目的是培养学生数学思维，引导学生更好地理解数学这门学科，并将之运用于实际生活。教师需要分清游戏教学和数学教学的主次关系。当游戏教学更好地服务于数学教学时，游戏教学这种手段便发挥出了真正的作用。而合理地设置游戏环节也是为了便于教师在上课过程中做到有迹可循，不影响正常上课节奏，合理有序地进行数学教学内容的传授，增加课堂黏性，也便于学生的注意力集中，更好地对数学教学内容进行吸收，使学生数学思维得到训练，从而提高课堂效率。

（2）合理创设教学情境，提高教学适配度

教师在进行数学教学时应该保证学生的参与感，小学学生由于年龄普遍偏低，在主观能动性、注意力和自我控制能力等方面较为薄弱。因此，教师在数学教学活动中的游戏设置应该尽可能地激起学生的兴趣，让学生参与其中，获得互动感和参与感。而在游戏方式的选择上，教师应该科学合理地进行筛选和设计，以保证其质量，能够对学生进行良好的引导，让学生积极主动地投身于游戏教学环节，同时教师要尽量避免数学教学内容

的某些特质渗透游戏教学环节中，导致游戏教学无效化。教师在增加学生参与感的同时应该注意发挥好教学任务中的引导作用，不要让游戏教学陷入僵局或过度泛滥。教师在游戏教学中应该积极地扮演好观察者和传授者的角色，对学生的响应程度进行观察和分析，以便优化整理游戏教学中存在的问题并加以改正，更加合理地选择游戏教学的方式，使学生更容易接受。

（三）民间体育游戏融入艺术教学

1. 培智学校艺术课程游戏化建设的问题

（1）传统教育教学观念的束缚

在我国，儒家思想一直居于"正统"地位，儒家思想提倡"业精于勤荒于嬉"。自古以来，我国就遵循着"师道尊严""学高为师"的传统伦理道德理念，特殊儿童被看作是"无知之辈"，是需要成人训诫和教育的个体。同时，特殊儿童成为活动的"配角"，成为教师的"服从者、受教者"，导致特殊儿童主体地位缺失的局面。这难免会极大地限制特殊儿童自我主动发展的能力，阻碍了特殊儿童主体性、创造性的发挥，不利于培智学校艺术课程游戏化的推行。

（2）教师游戏化教育素养不足

特殊儿童教师是培智学校艺术课程游戏化的实施者，是实施培智学校艺术课程游戏化的主力军。因此，教师的教育理念、教育价值观及教学行为方式等决定了培智学校艺术课程游戏化能否顺利开展，并且直接反映了教师对培智学校艺术课程游戏化理念的理解和认同程度。现阶段，教师游戏化素养不足主体现在以下两个方面：

① 艺术课程游戏化理念认识不足。培智学校艺术课程游戏化的理念对教师开展艺术活动起到了引领作用。一方面，很多教师对培智学校艺术课程游戏化理念，知之甚少，课程游戏化理念匮乏和欠缺；另一方面，教师

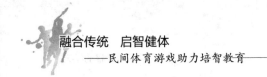

缺乏终身学习、可持续发展的观念，不愿意用新的课程游戏化的理念更新自身的教育观念。

②艺术课程游戏化技能欠缺、情意不足。在活动实践中存在教师创设的游戏化情境适宜性不够、环境创设形式化严重等问题。在目前的培智学校中，师生配比不当，教师除了每天要完成相应的教育教学任务外，还要抽出大量时间参加各种各样的活动，使得教师职业压力大、紧张焦虑，根本无法专心投入培智学校的研究中，更没有心力和动力来提升自身游戏化的专业素养。

（3）课程游戏化的管理机制匮乏

一方面，培智学校管理制度不合理，忽略了教师的主体意识。教师变成了培智学校艺术课程游戏化的执行者，培智学校实施的奖励制度也并不合理，多数以成绩论成果，因此教师不得不把精力和关注点由特殊儿童成长发展转移到教学效果上来，这些都阻碍了教师有效地开展培智学校艺术课程游戏化。

另一方面，培智学校管理中缺乏对教师专业成长的人文关怀。培智学校开展艺术课程游戏化，只要求教师一味执行，但部分教师并不理解，且培智学校为教师提供的培训和学习的机会不足，日常繁重的任务也让教师疲于应对。

2. 培智学校艺术课程游戏化的策略

（1）培智学校艺术课程游戏化的基础

①重视课程游戏化的理念，全面审视游戏的价值。随着培智学校课程改革的不断发展，教师应意识到玩耍是特殊儿童的天性。特殊儿童只有亲身体验，才能获得相应的知识和技能，才能在艺术活动中感受美、表达美、创造美，才能在艺术活动中接受艺术美的熏陶。

②内化培智学校艺术课程游戏化理念。教师应依据特殊儿童的最近发

展区，循序渐进，从关注课程文本转向关注特殊儿童生活，从关注知识转向关注经验，从关注艺术环境创设的好看转向关注艺术环境的好玩，在特殊儿童快乐成长的同时提升教师的专业素养与能力。

（2）培智学校艺术课程游戏化的推动

① 创设适宜的物质环境。物质环境的创设应注重艺术性、适宜性和科学性。第一，保证游戏材料的数量和质量。例如，在美工区里，提供创意黑板等游戏材料，让特殊儿童自主涂画，引导特殊儿童自己描述自己的作品，大胆向同伴展示。第二，关注空间的拓展性。教师可将日常生活中的自然资源、社会资源等开发成适宜的教学资源。比如，培智学校院子里的自然环境随四季更替而有不同变化，我们就可以组织特殊儿童出去进行艺术写生等活动。

② 创设适宜的人文环境。培智学校艺术课程相比于其他领域课程能更直接、更有力地进入特殊儿童的情感世界。例如，当特殊儿童听到节奏欢快的音乐时，会不自觉地跟着音乐手舞足蹈，当特殊儿童看到美好的画作会发自内心地赞叹。

（3）培智学校艺术课程游戏化的关键

① 注重"过程"中游戏精神的彰显，促进特殊儿童快乐学习。首先，培智学校艺术课程游戏化更注重的是过程而不是结果，传递的是一种"游戏精神"。"游戏精神"是指积极地开展游戏的品质。在培智学校艺术课程游戏化中，我们把这种手段与目的、形式与精神、快乐与发展高度统一的"游戏愉悦"的结果称之为"成长快乐"。其次，教师在培智学校艺术课程游戏化过程中，应以审美为核心，利用游戏化的手段，调动特殊儿童的积极性，培养特殊儿童感受美、表现美和创造美的艺术素质和能力。艺术教育不应只是知识、技能的传授，而应是激励、启发特殊儿童对艺术的感知、鉴赏、理解、表现和创造。

② 注重内容的趣味性和特殊儿童的参与性。首先，游戏活动的设置应丰富多彩、多种多样。培智学校教师应该具备一定的专业素质，可以在充分分析教育资源的基础上对各类型教育资源进行整合，保证可以为特殊儿童提供丰富多彩、形式多样的课程游戏活动。其次，鼓励教师根据艺术活动的需要创造性地设计培养特殊儿童的小游戏，避免游戏的重复性、单一性。教师在探索游戏设计的过程中要对教材内容进行深入分析，挖掘教材内容与相关游戏活动的契合点，然后探索将教材内容与游戏活动相结合的措施。

3. 掌握特殊教育的理念和教育方式

世界上没有两个完全相同症状的自闭症患者。作为特殊教育教师，我们应该明确认识到无论何种教育方法都是以个别化教育为基础的。所以必须了解不同类型特殊儿童的特点以及他们的身心发展状况，了解如何给特殊儿童做出简单的教育评估，并制定个体化治疗目标。我们必须了解特殊儿童康复训练的核心技术和基本教育策略，并把这些运用到自己平时的教学工作中。例如，面对自闭症儿童，我们要了解自闭症儿童的需求与长处，知道自闭症儿童教学常用的策略。

艺术康复又称艺术治疗学，是指有计划、有组织地使用艺术（或艺术活动、艺术经验），帮助个体（患者）达到生理、心灵、情绪、认知等方面治疗效果的一门新兴边缘学科，它是艺术、理学、医学、人类学等学科交叉综合的结晶。在实践工作中，我们通过行动研究等方式，提炼了运用艺术康复，对特殊儿童进行音乐等方式治疗的具体策略。

（1）音乐治疗

音乐是典型的多元化非语言交流工具，特殊教育教师可将音乐教育与康复训练有机融合，通过音乐的听觉、记忆、协调、语言的训练，改善、弥补特殊儿童心理、生理、智力功能和适应行为等方面的缺陷。

① 运用音乐康复，促进语言发展。通过预先语言评估，教师首先应该对学生言语障碍有全面的了解。教师可以引导学生听不同的打击乐器、听音高、找音模唱等，帮助其增强听觉系统的功能；采用变换不同音高、速度的《问好歌》促进其语言发展；将熟知的儿歌、童谣等置于不同的节奏中，或通过随乐吟诵等方式进行有针对性的言语训练；把手势语言、面部语言等体态语言加入练唱的活动中，激发学生语言训练的积极性、主动性和参与性。

② 运用音乐康复，促进运动发展。音乐的节奏元素为特殊儿童提供了运动的结构和动机，对视觉、听觉、运动觉、触觉能够进行大量多重的感觉和机体刺激，可以恢复和补偿大脑对空间、方位、大小肌肉等动作的功能定位。通过教师设定、学生随乐、教师调整等不同模式可以促进特殊学生自我身体意识、平衡感、空间感、敏捷性、力量感、偏侧感、方向感的发展。

③ 运用音乐康复，促进注意力、认知发展。音乐活动时，教师可以适时插入认知训练，如以实物和图片相结合的方式进行音乐活动，引导学生认识打击乐、音阶等，提高学生分辨、编序、理解、记忆、协调等综合能力；可以大声或小声地哼唱，把声音变成有节奏的律动，声调加上长音、短音或切分音的变化，用打击乐的声音来表示，等等。

对于智力障碍学生，教师可以采取活动前仔细、反复地倾听音乐，促使学生初步感受音乐中的艺术形象；引导学生听辨节拍、基本节奏、速度等，帮助学生体会音乐中的情绪；通过简单的动作来帮助学生加深对音乐的理解，如用小鸟飞的动作来让学生感受音乐所表现的流动、优美和起伏，用小兔跳的动作让学生感受音乐所表现的跳跃、活泼的情绪，用拍手、跺脚、点头等动作来掌握音乐的节拍、节奏等。

④ 运用音乐康复，促进正确社会行为的强化。对大多数特殊儿童而

言，他们参与音乐是一种快乐的活动，这个过程中其不良行为都会减少甚至完全消失，我们应该巧妙地把丰富多彩的音乐活动、律动，转化为强化刺激来增强特殊儿童正确的社会行为。比如，用《问好歌》《礼仪歌》《我会刷牙》等让特殊儿童形成了正确的生活自理行为以及遵守秩序的意识等，用《洋娃娃和小熊跳舞》的音乐游戏促进他们与其他小伙伴社交情绪上的发展。在音乐游戏中将不同残疾类型的儿童异质分组，提供儿童间交流模仿机会，特别是为能力较差的儿童提供更多选择模仿的对象。

很多自闭症学生都有自我刺激行为，常见的有重复的言语及手部和身体的摆动等。唱游与律动可以提供相类似的感官刺激，促使其自我刺激行为在较正常的状态下出现。比如，自闭症儿童的拍手自我刺激动作可以用模仿操《幸福拍手歌》中的动作取代，重复的语言可以用精心设计的儿歌代替。近年来，利用数字信号处理与声控动画技术的可视音乐治疗对自闭症患者产生了更好的效果，在促进其分清人称代词、听指令、主动控制情绪、建立交往意向方面产生了积极作用。

（2）艺术康复与学科整合

艺术康复不是单一课程，而是一种综合性的艺术教育、治疗活动。我国2016年出台的特殊教育课程标准，以培智教育为例，分十门课程，其中和艺术康复有较密切关系的有唱游与律动、绘画与手工、艺术休闲、康复训练。作为一线特殊教育教师，我们需要做明明白白的课程实践者，将国家课程与地方课程、学生实际相结合，而不能把各门课程生硬割裂开来。

教师在特殊教育实践过程中要善于总结经验和积累资料，随时针对学生的发展需要对训练计划做出相应的调整。设计训练活动要多元化，以多元的活动教学形式为主，多尝试以艺术游戏等方式让学生在愉快和轻松的氛围中进行治疗，将艺术康复训练内容融入日常生活、活动之中。

综上所述，艺术康复能够促进特殊儿童语言、运动、注意、认知、亲社会行为的发展。借鉴、引入西方艺术康复研究成果，探索适合我国国情的理论和技术，进行创新性应用，充分发挥艺术康复"互动融合"功效，使其更加贴合特殊学生的成长需求，是新一代特殊教育教师的责任和使命。

（四）民间体育游戏融入体育教学

1. 按照教学实际，挑选游戏内容

在体育教学中应用游戏的目的是希望能够更有效地完成实际教学目标及任务。所以，在实施游戏辅助教学中，必须将民间体育游戏与体育教学联系一起，将游戏与教材实施有机结合，从而使学生在现阶段所掌握的知识与技能得到进一步巩固和增强，在实际的教学效果方面也有较为显著的增强。所以，在游戏内容实施选择时，教师必须按照游戏的规则，熟悉游戏的相应特点以及内容，然后有针对性和可行性地实施教学。在实施基本技术的教学中应尽可能减少利用游戏这种方式来代替教学，只有在学生能够基本掌握之后再利用游戏作为巩固教学的手段。只有这样，教学质量与教学效果才能有所提升。

2. 把握游戏节奏，强调游戏针对性

体育游戏本身具有的科学性和节奏感要求教师在设计游戏的过程中要注重游戏的节奏把握和针对性的强调，让游戏有的放矢，而非盲目地进行群体的游玩，否则既浪费了时间，又毫无用处。为了加强游戏的节奏感和针对性，教师应当在游戏开展过程中让学生充分了解游戏的目的和意义，更好地引导学生进行体育锻炼，从而培养起学生勤于锻炼的良好习惯。例如，教师可以设计让学生进行组合运动的锻炼，然后让学生分组进行比赛。在游戏开始前教师明确规则和流程，并让一个学生进行示范，之后让其他学生陆续进行参与。通过类似的游戏规则设置可以让学生在游戏过程中保持一定的兴奋度，并帮助学生在运动过程中训练身体的灵敏度，促进身体与智力的双重协调性发展。

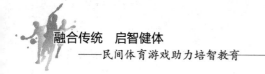

3. 采用灵活多样的游戏方式和丰富多彩的游戏内容

体育游戏的内容是丰富多彩的，形式是灵活多样的。通常根据游戏使用的目的可以把体育游戏分成一般性游戏和专项性游戏两种。一般性游戏就是较为简单容易的，便于进行组织，游戏的方法也非常简单，其主要的作用是辅助体育教学，或者起到一定的热身作用，用于准备活动当中；而专项性游戏则带有很强的专业特色，通常被应用于专项技术的训练当中，主要用于避免学生在运动过程中出现乏味、枯燥的感觉，锻炼学生的体育技能，提高体育教学课堂的有趣性、高效性，培养学生的体育情感。而对于少年儿童来说，他们并非是专业的运动员，不需要采用目的性很强的体育游戏，因此，应当将体育游戏简单化、一般化和多样化，只要能够舒展学生身心，通过游戏化的教学方式来吸引少年儿童的注意力，激发起学生的运动兴趣即可。此外，对体育课的游戏方式和内容进行选择时，情感因素与体育游戏的融合是不可缺少的，只有这样才能丰富少年儿童对于体育课程的情感体验，实现体育教学的根本目标。

4. 科学组织体育游戏

在小学体育与健康教学中采用体育游戏进行教学要注意游戏组织的科学性及针对性，根据不同学生年龄、技能、身体素质来组织游戏的开展。教师在游戏中应扮演引导者的角色，活跃学生的游戏气氛，增加学生的兴趣和参与度。在游戏开始时教师要清楚明了地讲解游戏的方法、技巧、规则、惩罚、奖励等；游戏中教师要注意调动学生的积极性，对学生及时进行游戏调节与规则约束，如要根据学生的生理、性别、年龄、素质等特点进行游戏角色的调节，帮助学生进行合理的游戏组织，以免组织的不当造成学生身体损伤情况出现；游戏结束后，教师要带领学生进行归纳总结，促进学生对体育游戏中涵盖的知识点的消化吸收。

5. 在游戏中要保障安全性

体育游戏具有一定的激烈程度，存在一定的危险性。因此，在小学体育与健康教学中，体育教师要充分重视体育游戏过程中的安全性。受性别、年龄、运动能力等主客观条件的限制，不同的少年儿童可以接受的体育游戏的强度和体育游戏的时间存在差异。在体育游戏进行的过程中，体育教师要注意观察和判断学生的体力变化，并且及时调整体育游戏的强度和时间。对于体力较差而力不从心的少年儿童，教师要及时调整运动强度和时间，使其得到休息和放松，最大限度地避免意外伤害的发生。有些体育游戏比较容易让少年儿童感到兴奋，所以教师应该特别注意少年儿童的运动量，防止负荷过大。

（1）借助体育游戏，优化体育准备活动

体育教学之前，教师最好能带领学生做一些热身运动，让他们的心肺器官和神经系统都能进入运动状态，防止因突然剧烈运动而导致的眩晕、抽搐等不适的发生。传统的热身运动大多是慢跑或是做集体操，而且被教师长年累月反复使用，学生会觉得热身运动枯燥且疲惫，因此对热身运动十分懈怠。如果教师能将游戏教学法运用于热身运动中，如"开火车""划龙船"等热身运动，能给学生带来一些新奇感，学生对参与体育运动的兴趣也会有所提高。此外，教师也可以自己设计体育游戏，只要能I活动学生身体的肌肉、关节、韧带的运动都属于热身运动，而且能为新课的学习进行一定的铺垫。

例如，在教学"弯道跑技术"这一教学内容时，在热身环节，教师可以给学生设计这样一个游戏：首先，在操场的中间画一个圆，然后，将班里的同学分成两组进行围绕接力跑，哪一组先跑完就胜利。这样，学生在这个过程中就能够充分感受到体育热身的趣味性，从而在这个过程中产生体育学习的积极性。

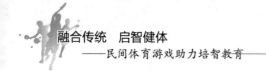

在体育课堂教学中，还有很多的热身运动都可以采取这样的方式，从而有效地促进学生体育学习的积极性，引导他们以一种积极的学习态度投入体育学习中。

（2）借助体育游戏，优化体育技能学习

游戏教学法在体育技能技巧教学中同样适用，丰富多彩的游戏活动能吸引学生的兴趣，调动他们的积极性，让他们在游戏中快速掌握动作要领，起到提高教学效率的作用。教师可以根据具体的教学内容选择与之相适应的游戏，通过制定详细的规则来引导学生学习动作技巧，进而形成动作定型。

例如，在学习篮球"传球"技巧时，笔者安排了这样一个游戏：将学生按照每组8人的方式进行分组，8名学生围成一个直径为8m的圆圈，然后从中抽出2人站在圈内。围圈的6名学生随机向队友传球，而中间2名学生则负责截球，如果传球过程中出现某同学没有接住球或是球被截住，则到中间替换下一名截球的同学，以此类推。这个游戏其实就是在练习传球，而且每名同学都参与进来了。笔者在外围观察学生的传球情况，并给予他们有针对性的指导，大家的传球技巧和准确度都在游戏中有了很大的提升。

从以上教学案例可以看出，正是因为赋予篮球传球以游戏化的元素，所以把枯燥的篮球传球趣味化了，这样学生在游戏化的过程中就能够有效地掌握篮球传球的技巧。更为重要的是，这个过程能够达到趣味化训练的目的，这对于激发学生体育学习的积极性具有十分重要的作用。但是需要指出的是，在设计体育游戏时，教师一定要围绕体育基本技能，只有这样才能让体育游戏高效化。

（3）借助体育游戏，优化体育学习整理

技能技巧训练是一个非常耗体力的训练项目，一旦疲惫感袭来，学生的积极性和兴奋度都会有所下降。因此，体育课中结束整理阶段是非常重要的，教师要帮助学生消除疲劳、恢复体力，让他们紧绷的神经恢复平静，以便于更好地进入下节课的学习。因此，在结束整理环节，教师设计的游戏活动要相对幽默、放松一些，最好能体现一定的趣味性和娱乐性。

例如，在体育课的结课环节，教师可以根据具体的体育教学内容穿插一些具有关联性的体育游戏，要善于借助音乐引导学生进行趣味化的体育学习整理。这个过程不仅能够有效地引导学生巩固课堂上所学的体育技能，而且能够让他们进行放松，对于提升学生的体育学习积极性具有十分重要的作用。

在体育学习整理过程中，教师可以采取的体育游戏形式非常多，这就需要教师根据具体的教学内容进行精心化设计，从而引导学生参与到体育学习整理过程中。

总之，培智体育课程中游戏教学法的运用对体育教师提出了较高要求，体育教师不仅要熟练掌握教学内容，明确教学各阶段的学习要点，还要充分了解学生的身心特点，要有较强的设计、编排、组织游戏的能力，这样才能设计出学生都喜欢的教学游戏，进而达到提高体育课堂教学效率的目的。

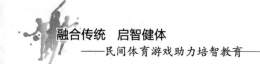
第三节 培智学校民间体育游戏
课程实施的注意事项

一、了解民间体育游戏化教学在培智体育课中重要的作用

（一）快速集中注意力，提高课堂教学效率

智力障碍学生因其自身存在的智力缺陷和生理疾病的原因，在课堂教学中难以保持良好的注意力，而且由于大脑反应较慢、思维迟滞，导致学习效率低下。因此，教师可以在课程开始时运用反应类民间体育游戏来提高其反应能力，使其快速集中注意力，以备开展教学活动。反应类民间体育游戏有的要求指令和行动一致，有的则要求相反，要根据智力障碍儿童的实际能力合理使用。例如，"手指嘴巴都一样/不一样""高人、矮人""大球、小球"等民间体育游戏。课程开始时安排此类民间体育游戏，让智力障碍儿童既感到新颖有趣，快速提高注意力，也有效提升了其大脑反应能力。良好的开始是成功的一半，通过反应类民间体育游戏快速将智力障碍儿童的注意力由上一节课的教学活动或者课间活动转移到本节课中，起到了事半功倍的效果。

（二）贯穿教学环节，保持学习兴趣

智力障碍儿童同正常儿童相比，他们在心理方面表现出显著的差异，存在缺乏个人动机与兴趣、主动性差、意志水平低下的特点。教学中采用民间体育游戏化的教学方式，将各个教学环节贯穿起来，可以让智力障碍儿童对学习具有较为持久的兴趣。例如，我在设计"前滚翻"一课时，从准备活动开始设计了"小火车游玩大森林"的民间体育游戏，增加了跑步趣味，模仿操生动形象，能够活动肌肉、关节；基本部分设计了"老狼老狼几点钟""低头看天""摇一摇""翻一翻""带着水果翻"五个民间体育游戏；拓展延伸设计了"送水果回家"的民间体育游戏，巩固了新授的技能；放松民间体育游戏"我真的很棒"既放松了智力障碍儿童的身心，又具有自我暗示作用，让其建立了良好的自我认知，有助于改善智力障碍儿童内向、胆怯的性格缺陷。最后本课在轻松、愉悦的气氛中结束。

（三）与歌谣、口诀有效结合，发展语言能力

智力障碍儿童中的中重度智力障碍儿童存在语言和沟通的异常发展，尤其以自闭症儿童表现最为明显。在体育课中，针对此类儿童存在的语言异常问题，我在选择体育民间体育游戏时特意选择儿童喜欢且熟悉的歌谣，如"丢手绢""找朋友""拍手操""开火车"等民间体育游戏。在开展民间体育游戏教学中，教师要注意小步子、多循环的教学原则。在每次民间体育游戏开始前，我先教说歌谣或口诀，再开始民间体育游戏，让智力障碍儿童养成边玩民间体育游戏边说歌谣的习惯。民间体育游戏化教学可以让智力障碍儿童在集体说唱玩的活动中发展语言能力，帮助孤独症的儿童以较为正常的语调、语气来进行交流，改善其语速和节律异常的问题。

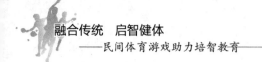

二、民间体育游戏化教学在运用时需要注意的问题

教学实践证明，在培智体育课中采用民间体育游戏化的教学方式，能够提高课堂教学效率，增加教学趣味，促进学生身心发展。但是在课堂教学中使用民间体育游戏化的教学方式还需要注意以下几个问题。

（一）内容的选择要具有针对性

民间体育游戏化教学重在"教学"二字，民间体育游戏只是教学的一种手段，而不是教学的目的。培智体育课的教学目的是为了有效完成教学任务，达成教学目标。因此，民间体育游戏内容的选择要与教材有紧密的联系。教师不能将民间体育游戏仅仅看作是热身、激发兴趣的手段，必须结合教材内容，设计创编有针对性的民间体育游戏内容，以提高课堂教学实效。

（二）课堂教学组织要注意层次性

民间体育游戏的组织形式要考虑智力障碍儿童的智力状况、现有的知识与技能、运动能力、身体素质，进行合理、有效的分层教学。教师要让不同层次的儿童能够在民间体育游戏化教学方式的指引下，进行学习和锻炼。在民间体育游戏教学中，教师要注意观察儿童的表现，灵活调整教学组织形式，以达到让每个智力障碍儿童的能力都得到最大程度的提升的目的。

（三）不断更新民间体育游戏的频率和形式

智力障碍儿童和正常儿童一样也喜欢具有新鲜感的事物和活动，一旦某个民间体育游戏出现的频率较高，他们就失去了原有的兴趣，从而达不到预期的效果。因此，民间体育游戏化教学中的民间体育游戏使用的频率不宜过高，适当变化一下形式，可以取得意想不到的效果。只有满足儿童追求新颖、爱好刺激的心理特征，良好的学习兴趣才得以长久的保持。

民间体育游戏化教学就是为了达成一定的教学目标，以民间体育游戏为载体来进行教学的一种教学方式。在培智体育课中合理运用民间体育游戏进行教学，可以有效激发智力障碍儿童的学习兴趣，提高课堂教学效率，达到康复身心、补偿缺陷的目的，使培智体育课更加生动有趣、精彩纷呈，让智力障碍儿童感受到运动的魅力，养成锻炼的习惯，在今后能够更好地融入社会生活。

三、探索沙盘游戏疗法

大部分教师在沙盘游戏中扮演着非常权威的角色，没有足够的耐心，一味地给予过多的解释，完全忽略了学生的主体体验以及内心世界，不利于特殊学生群体行为素质的有效改善。因此，为了改变这种现状，教师应该将以往独断、权威的角色向保卫者积极转变，尽可能保持自己的耐心，给特殊学生提供更多与沙盘互相无声交流的空间和机会，使学生在玩沙、摆模具的过程中宣泄内心压抑的情绪，在创造沙盘作品中获得一定的经验和感悟，进而改善他们的行为，治方特殊学生群体的心理疾病或问题倾向。

（一）运用沙盘游戏疗法，减轻学生人际交往中的焦虑情绪

对人焦虑是特殊学生群体中常常出现的问题，他们往往不会与人交往，更怕生人。每当与别人讲话的时候，总有学生表现出回避、后退的动作或是神情，在受到长辈或任课教师的责备时，会一直放在心上，同时担心其他同伴在背地里说自己的坏话，因此经常感到焦虑。教师要合理地运用沙盘游戏疗法给学生提供充分与别人交流的机会和空间。在游戏过程中，学生能够学会察言观色、学会与人沟通、学会调整自己，在互相分享和鼓励中逐渐敞开自己的心扉，拉近与同伴之间的心理距离，有效地减轻特殊学生在人际交往中的焦虑情绪。

例如，在第一次沙盘游戏开始前，教师应该引导学生自愿地结为小

组，建立团队，主动地与其他同伴进行沟通，逐步增进团队的感情。在向每个学生介绍了相关游戏规则之后，将游戏活动的空间交给学生，学生会根据以往的经验，在游戏过程中不与同伴争抢模具，他们自由地选择喜欢的模具，通过合作来构建图景，有利于培养他们的协作能力，减轻学生在人际交往中的焦虑情绪。

（二）运用沙盘游戏疗法，改善身体症状抑制学生冲动倾向

冲动倾向具体表现为有时候会无缘无故地想大声哭、大声叫，或者一看到某种想要的东西，就一定要得到，毫无理由地想到远的地方去。这些冲动的表现，都是由于学生内心有一定的焦虑倾向而产生的。因此，出于对学生的爱，教师应该合理地运用沙盘游戏疗法，在游戏过程中，要与每个学生建立良好的关系，帮助学生建立一定的安全感，从而使学生在沙盘游戏中能够主动地说明自己的想法，尽可能地将行为选择的主动权交给学生，使其不断自我调整，通过学生的努力，逐步改善他们的身体症状、抑制冲动倾向。

例如，在培智班中，学生的目光与教师交汇时立刻回避，当教师把注意力转向他们时，他们会表现出抠手指等行为，甚至跑出教室到远处去。这就需要教师在沙盘游戏进行的初期，与学生建立良好的关系，如在游戏前，与学生进行亲切交流；在游戏中，引领学生与其他同伴微笑对视，感染学生互相鼓励同伴；在游戏后，体贴地跟学生告别。总之，教师要帮助学生增强安全感，使学生能够主动地发言，逐步改善他们的身体症状，抑制学生的冲动倾向。

（三）运用沙盘游戏疗法，营造团体氛围，矫正社会退缩行为

特殊学生的社会退缩行为是最为明显的一种行为问题，具体表现为胆怯、退缩、不愿意与外界多接触等。为了进一步矫正学生的这一行为，教师应该合理地运用沙盘游戏疗法来给学生营造一种自由的、受保护的团

体氛围。在游戏过程中，老师应引领学生主动地与其他同伴进行交流，有效地弥补特殊学生群体在平日里所缺失的与同伴交往的机会，使学生在玩沙、摆模具的过程中，逐步学会与同伴进行沟通，进行自身调整以融入整体环境，被其他人接纳，促进特殊学生群体积极社交，最终达到矫正社会退缩行为的目的。

例如，在沙盘游戏中，学生会使用不同数量及种类的沙具来摆出不同主题的场景。教师应该适时地给予引导，使学生融入团体沙盘游戏中，与其他同伴一起玩沙并制作沙盘作品，让学生主动邀请同伴一起参与游戏活动，让每个学生感受到强烈的自我价值，感受到他们是游戏中的重要一员，从而提高他们的自信心，使他们逐步克服对外界的恐惧，有效地矫正其社会退缩行为。

任课教师应该贯彻"以生为本"的教育原则，合理地应用沙盘游戏疗法来有效地干预特殊学生群体的行为，尤其是学生在人际交往方面的焦虑与回避等行为问题，尽可能地为学生营造一个自由的、受保护的游戏氛围，做好特殊学生的保卫者，保持足够的耐心，使学生在沙盘游戏的过程中逐步获得健康的、积极的感悟和启发，从而在行为表现上更加成熟和自信。

四、民间体育游戏融入培智比较学的措施

（一）结合学校实际，因地制宜

就实际的培智体育课课程来说，到底融入哪些民间体育游戏、如何融入民间体育游戏是需要深思熟虑的，而不是一味地将所有民间体育游戏都盲目地应用到实际的体育教学中去，这是每一位培智体育教师必须思考的一个问题和必须提前准备的一门功课。民间体育游戏项目的选择首先应该考虑学校的场地问题，因地制宜，选择最合适的体育游戏项目往往更能有

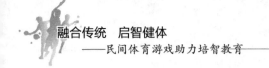

效地提高教学效果，也能够实现全面发展培智学生身心健康的目标。

对于学校来说，选择好应用哪些民间体育游戏之后，需要考虑的问题便是怎么将民间体育游戏完美地融合到实际的教学中去，将已经确定的游戏活动项目编入学校的校本课程中去。另外，这也需要学校针对引进的体育项目建设一些民间体育游戏的基础设施以及游戏设备，并且规划出特别的活动场地，为培智学生提供良好的学习条件，打造积极有趣的民间优秀传统文化的氛围。

（二）尊重学生差异，因人制宜

世界上没有两片相同的叶子，而学生对体育活动的接受能力以及学习能力也大不相同，这种差别并不是缺陷。因此，作为培智学校体育教师在进行实际的教学活动期间，应该注重掌握培智学生对各项体育活动的接受能力，尊重培智学生的差异，根据培智学生的差异选择更具针对性与实效性的体育游戏。民间体育游戏具有强烈的地方性以及民族性的特色，往往不需要特殊的仪器和设备，培智学生也比较容易上手，因此，可以有效地吸引培智儿童积极参与，而开展民间体育游戏不仅具有趣味性，还具有很大的教育意义。除了每个学生的体能差别以外，同一个项目也不一定每个学生都会喜欢，因此，在喜好上依旧存在差异，这就需要体育教师在进行民间体育游戏的选择上多下功夫。

首先，教师要尊重学生在游戏项目选择上的不同意见；其次，教师可以根据所选择的项目让学生依据喜好进行分组，也可鼓励学生一人多项目，根据学生的水平差异，还可以适当地采用分层教学，设计不同层次的游戏难度，进行科学的游戏；最后，教师可以引导培智学生主动开始游戏，并在游戏中自觉遵守游戏规则，通过组内学员的相互协作来提升自己的各种能力。例如，教师可将"手膝配合爬行"教学内容设计成游戏"乌龟比赛"。在游戏中，教师首先利用视频资料带领培智儿童观察乌龟，并带领培智儿童制作乌龟的头饰,将学生平均分为几组,组织学生带上乌龟头饰练习爬行。这种趣味化的场景有效地激发了培智儿童的学习兴趣,同时在游戏的过程中学生充分锻炼了爬行能力,提高了身体素质,有效实现了培智体育课程促进学生身体素质发展的教学目标。

(三)根据教学环节,因时制宜

想要有效地开展融入民间体育游戏的小学培智体育课堂,就需要培智体育教师能够在规定的体育课堂时间内科学合理地制订出一个完美的教学计划,既能符合教学要求和应用民间体育游戏的要求,又能有效地保证教学质量以及教学效果。针对各阶段的培智学生,他们的学习能力以及接受能力都有不同,身体素质成长的目标也不尽相同,这时候就需要教师在教学内容上进行适当的改变,循序渐进地进行培智体育教学。例如,将各项民间体育游戏活动分为初级动作、中级动作以及高级动作,分别带领低、中、高三个年龄段的培智学生学习,这可以使每个阶段的培智学生都能够轻松掌握游戏的基本规则,实现各年级的有效互动,从而实现增进感情的教学目标。

从培智体育课堂长时间的发展来看,体育活动项目的设置一定要符合培智学生的客观发展规律,只有做到因地制宜、因人制宜、因时制宜才能够使民间体育游戏融入培智学生体育课堂所产生的价值最大化,使每一个培智学生都能够全面发展。因此,培智体育教师要结合学校实际,因地制宜、因人制宜、因时制宜,以此实现民间体育游戏在培智体育教学环节的完美融入,最大限度地提高体育教学的有效性,促进培智体育教学的深度发展。

在现代教育理念不断发展的过程中,体育教育的多元功能与价值得到了深层次的开发与运用,为培智学校的体育教学提供了一种简便、高效的教学手段。民间体育游戏体育教学要求培智学校的体育教师对游戏内容进

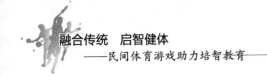

行有效的开发与研究，并进行积极地调节，以达到充分锻炼、培养和发展特殊学生的目标。

1. 要做好课前准备工作

在进行体育课堂教学时，培智学校的体育教师必须做好充分的课前准备，保证使用安全、高效的游戏，让学生在一个很好的学习氛围中获得运动的知识和技巧，从而提高学生的运动热情，保证他们的学习效果。例如，在正式实施的体育课教学中，首先要针对学生的具体情况建立一份学生的健康档案，记录学生的身体素质、兴趣和体能状况，确保对学生的身体情况有一个全面的认识，并据此制定出适合学生发展的教育目标和教学内容，再结合以上内容，建立了学校体育教育的档案，为进一步实施培智体育游戏课堂教学工作奠定基础。

2. 设计科学合理的教学游戏内容

从具体的实践来看，培智学校的学生身体协调性和灵活性都比较弱。因此，在进行体育教学时，教师必须充分考虑到学生的现实状况，保证在体育教学中使用的游戏要兼具科学性和合理性。这就要求体育教师根据学生的实际情况，设计出适合培智学校学生特点的体育教学游戏，以确保在提高体育教学质量的前提下，能够使其体能水平得以提高。

例如，教师在指导学生做身体协调训练的时候，可以把"动物比赛"的游戏应用到实践中去。在正式的体育教学前，教师可以制作可爱的动物头饰，并从网上下载一些关于动物的行走和爬行的资料。在正式的教学活动中，首先要给学生进行简要讲解，重点突出"动物比赛"的相关内容；在所有准备工作完成后，教师运用多媒体技术向学生展示教学资源，并指导学生注意这些动物走动、爬行的特征和规律；接着，教师要将所有的学生分成不同的小组，每个小组都会有一个小动物的发饰；然后，让学生模仿小动物进行接力比赛；最后由教师来记录他们的完成时间，谁的速度最快，谁就是胜利者，可以获得教师给出的一些小奖励。这样的方式既可以提高特殊学生的学习兴趣和学习热情，又可以提高他们的身体协调性，加深他们对动物的走动和爬行知识的认识，还能有效地培养和提高他们的协作精神，促进他们将来的发展。

3. 分层设计体育游戏

在培智学校，不同的学生有不同的特点，他们在日常生活和学习中也有各的特点。然而，在实践中，许多体育教师对此缺乏认识，致使民间体育游戏在实践中的应用不能达到预期的效果。因此，在体育教学中，培智学校的体育教师要充分考虑到学生的个体差异，进行分层教学设计，以确保提高整个教学活动的效果。

例如，教师在体育教学中引入了"救人质"的游戏，把一个玩偶放在箱子里当"人质"，再让学生扮演警察去救"人质"，这既锻炼了他们的勇气，又提高了他们的反应能力和智力水平。在正式的教学活动中，教师要根据不同的学生进行分层设计，根据学生不同的身体状况，提前将他们分成不同的小组：身体素质不好的，由他们负责保证人质的人身安全，还要将"食物"送至"人质"手中，而能够将"食物"最迅速地送到"人质"手中的"警察"是最棒的。对于那些身体素质一般的学生来说，他们可以先救人，然后把他们带回安全区，在最短的时间内把"人质"送到安全地带的"警察"是最棒的。而那些身体素质比较好的，可以给他们制造一些麻烦，能够跳过障碍物，将"人质"带到安全区的"警察"是最棒的。这些"最棒的学生"都会得到相应的奖励。这样既可以使学生的体能得到有效的锻炼，又可以让教师对学生的学习状况进行细致的观察，并对游戏进行适当调整，以保证每个学生在运动中都能充分发挥能动性，从而促进他们课堂表现水平的提升。

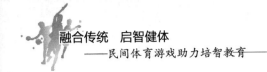

4. 开展游戏竞赛，塑造精神品质

在培智学校的体育学科中，道德教育是一项非常重要的工作。而培智学校的学生因生理、心理等方面的原因，普遍存在着孤僻、自卑、自私等不良心理。在这种情况下，教师可以指导学生进行游戏比赛，使学生在比赛中逐渐学会团结协作，在比赛中激发斗志，使学生的心理素质得到有效锻炼，促使他们的身心逐渐得到良好发展。

例如，教师可以用"群拍"皮球的游戏竞赛来培养学生的心理素质。首先，教师可以指导学生组成一个团队来进行击球比赛。在比赛中，教师可以引导学生思考："如何使自己的球队取得好的比赛结果？我们应该怎样改变呢？"在这一点上，教师可以让学生根据比赛的实际情况进行适当的调整。例如，有些学生在击打皮球时，会因为自己的动作太慢而导致整个团队的速度受到影响，也有些学生在比赛中会发觉自己的胆量不够，导致团体活动缺少积极的气氛。在此基础上，教师可以从各个角度指导学生有效地解决问题。例如，在比赛前，教师可以让学生讨论如何正确地拍球，以此更好地达成一致的动作速度，提高学生的凝聚力，培养他们的合作精神。教师还可以鼓励学生作为观众，为参加竞赛的同学加油鼓掌，从而提高他们的斗志。同时，教师可以指导参赛队伍一起喊出口号，形成一个良好的集体形象。通过比赛，学生形成了集体精神和坚忍的品质，培养了良好的思想品德，人格得到充分发展。

将游戏教学应用于培智学校的体育课堂，不仅可以改善教学质量，而且可以充分发挥游戏的作用，有效促进学生智力和身体素质的发展。因此，培智学校的体育教师要根据学生的具体情况，把游戏化的教学方法运用到教学中去，使其成为一种有效的训练方法，不断促进学生的发展和成长。

第六章

培智学校民间体育游戏课程教学发展趋势

培智学校民间体育游戏课程教学正在特殊儿童康复与学习发展中产生更多的作用，因此现代化技术的应用、更丰富的游戏内容，都将推动其发展。此外，教师还需要注重创新发展，让体育游戏课程更好地融入学生发展中。

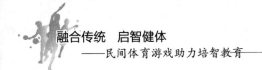
第一节　多媒体技术推动培智学校
民间体育游戏发展

　　多媒体技术是专指在电脑程序中处理图形、图像、影音、声讯、动画等的电脑应用技术。多媒体教学就是教师通过现代教学设备（如多媒体影音设备、录像设备、手机或者电脑等）将教学过程进行转化的一种现代教学方式。多媒体教学提供了不仅发挥了影像的作用，也构建了互动课堂教学、趣味教学的立体化教学体系。将多媒体技术融入培智体育教学，为培智学生提供了更加容易理解的课堂内容，改善了学习氛围，是提升培智体育教学的有效方式。培智学校教师要高度重视多媒体课堂教学设计的重要性，帮助学生更好地吸收知识，促进培智体育教学体系有效发展。

一、培智体育多媒体教学的教学优势

（一）调动学生的学习兴趣

　　随着我国互联网的快速发展，很多领域中引入多媒体技术后实现了行业革新，多媒体技术的发展给教师提供了更多的教学设计模式，提升了教学质量。相对于普通学生来说，培智学生的情况和学习状态是比较复杂的，学生很多时候无法快速掌握知识，而强硬的灌输会造成培智学生一定的抵触情绪。

多媒体技术的推广应用可以在授课过程中带给培智学生丰富的教学内容，由于这种学习模式比较新颖，很多学生都对教学过程很感兴趣。在运用多媒体技术的体育课堂上，培智学生更容易融入体育学习中，对于加强体育技巧的锻炼，提高学习的主观能动性具有积极作用。学生积极参与体育活动，其思维方式就会变得开阔、活跃，解决问题的能力明显增强，沟通和表达能力也显著提高，进而兴趣就会提升，这是一个良性循环。

（二）促进培智学生对知识的吸收

在现代教学理念的影响下，如何能够帮助培智学生快速地吸收知识并使他们能够学以致用是需要教师关注的。培智教师应利用多媒体技术简化学习难点，并帮助培智学生在快乐中掌握体育技巧，让培智学生也能找到自己的闪光点。这种快速学习知识的状态能够让培智学生感到信心倍增，而自信心对培智学生来说是非常重要的。培智教师要发挥多媒体技术的多重应用功能，让培智学生通过形象化的概念来加深学习印象。培智教师应提高各种电子设备、多媒体设备的使用能力，合理开发多媒体技术的教育功能，引导培智学生逐步深入了解体育运动，完成提升教学质量的目标。

二、培智体育多媒体教学的教学策略

（一）结合多媒体画面指导培智学生学习

培智教师应向学生充分地渗透体育运动的理念，并通过增加一些趣味教学素材，不断地强化学生的运动意识。举例来说，多媒体教学影像会给培智体育教学注入无限欢乐和勃勃生机。为了避免培智体育教学内容枯燥，培智教师可以把趣味画面和教学内容相融合来设计教学活动，其作用有以下三点：一是多媒体画面生动形象、丰富有趣，运用画面能够激起学生学习兴趣；二是培智学生可以从简单的多媒体画面中学到更多体育知识和道理，快乐学习，健康成长；三是帮助培智学生发散思维，促进培智学生身心健康发育。

例如，在进行"老鹰抓小鸡"的体育游戏中，培智教师可以首先导入多媒体影像：鸡妈妈在动物园找小鸡，每当鸡妈妈问道："你是不是我的孩子呢？"小动物们纷纷辩解自己不是小鸡，并且模仿各种各样的小动物叫声和动作，历经"千辛万苦"，鸡妈妈终于找到了小鸡。培智学生在观看中掌握了运动的规则，这种寓教于乐的教学指导方法，不仅让培智学生"身临其境"，还有效激发了培智学生对体育教学活动的兴趣，推进了培智体育教学可持续发展。

（二）利用多媒体提升体育学习氛围

相对于略显严肃的知识灌输，培智学生会更喜欢比较轻松快乐的氛围，也能更好地融入这样的课堂氛围中。所以如何改变课堂氛围，让培智学生感受到自己面对的学习任务非常轻松，是提升培智学生学习效果的好方法。多媒体技术能够为培智学生创设适宜的学习氛围，也能减轻培智学生的学习压力，起到助推器的作用。举例来说，运动操对培智学生来讲能锻炼身体、培养运动习惯，也能促进智力发育，培智教师可以利用多媒体技术给培智学生创设快乐的运动操练习环境。

在很多培智体育课堂教学中，教师通常都采用演示的方法进行教学，培智学生按照教师的动作去学习，这种方式并无不可，但是从某种程度上讲，依据培智学生的接受能力和心理特点，这种模式的教学效果并未达到最佳。如果培智教师能够发挥多媒体技术的作用，带来动感的音乐以及光影效果，并结合引导性的语言，把相关运动操的动作要领传授给培智学生，培智学生在这种氛围下会不由自主地参与进来，积极接受教师的指导。这既能够调动培智学生的学习情绪，也能帮助培智学生在短时间内记忆运动操的要领，使培智学生感到信心倍增，一举多得达到。

在培智体育教育工作中，培智教师应结合多媒体技术的运用，构建多样化的体育教育课堂，提升培智学生的学习感受，让培智学生充分融入课堂中，提升培智学生的综合感知，促进培智学生智力发展和体育技能的提升。

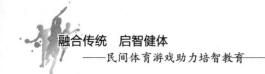
第二节　激发培智学生参与民间体育游戏的兴趣

调动学生参与体育运动的积极性，激发学生的兴趣是关键。我国古代教育家孔子说："知之者不如好之者，好之者不如乐之者。"爱因斯坦也说："兴趣是最好的老师。"他们都强调了兴趣在教育中的地位与作用。那么在体育课上我们又是如何激发培智学生参与体育运动的兴趣呢？下面我从几个教学案例来说说，权当抛砖引玉。

一、亲近学生细引导，循规蹈矩守规则

［教学内容］

跑步

［教学案例］

大多数的培智学生在跑道上出现的问题有：

（1）反应力差。听到发令声时反应较慢。发令声一响，不是马上就跑，就是左右张望，看人家跑不跑，人家跑，他就跟着人家跑，人家不

跑，他就跟着在原地不动。

（2）守规则不持久。不管你在起跑点上叮嘱过多少次，学生仍有可能跑了30米远就忘记了，又跑到别人的道上去了。

（3）没有自律性。跑到途中，想跑就继续跑，不想跑就停下来散步，任你在起点处怎样喊跑，学生还是慢慢悠悠地走他的路。

解决这些问题的措施：

（1）针对第一点，老师可以对他们说："你们给听好，老师发令了，谁还不跑，我就要叫旁边的同学打他屁屁（轻轻打）提醒他哦。"这不是羞辱他们，而是抓住他们的自尊心（不要让别的同学打他屁股），把他们的注意力集中到老师的发令上来。

（2）针对第二点，老师起初可以牵着他的手在各自的跑道上跑，让他们认知正确的跑法，等他们熟悉到一定程度的时候，就放开手陪着他们在各自的跑道上跑；对第三点也是一样。

跑步训练的方式有多种，就拿往返跑训练来说吧。往返跑以一边底线为起跑线，在中场放一个塑料圈，在另一边底线也放一个塑料圈，再在两个三分线的顶端分别放一个塑料圈，这样就放了四个塑料圈。听到发令，学生就往前跑，把第一个塑料圈捡回来交给老师，再往前跑，把第二个塑料圈捡回来交给老师，依次把四个塑料圈全都捡回来交给老师。有时候可能也要老师首先带着跑（特别是自闭症孩子）。熟练以后，学生就可以分成两组来进行比赛（要求：各捡各的，依次捡回），旁边的同学给予掌声鼓励，呐喊加油。

［教学反思］

对待刚入学的新生，教师牵着学生的手，陪着跑，亲近学生，让学生觉得你是他可以亲近的人，可以依靠的人，可以信赖的人，那么他的视觉与听觉就会集中到你身上，也为你的教学成功开了个好头。

一项跑步训练练就了学生几个方面：呐喊加油，练了他们的肺活量；击掌鼓励，练了他们的手指末梢神经，促进血液循环；听发令，练了他们的听觉与反应力；弯腰捡塑料圈，练了他们的自我控制力、注意力与平衡力。他们的视觉、听觉、触觉、前庭平衡觉都得到充分的锻炼，对他们的康复也有很大的帮助。一节课下来，他们还意犹未尽，纷纷说："老师，下节课还来，我要得第一。"你看，一提起兴趣，爱好就来了。爱好来了，学生就会尽心尽力地进行练习，有了坚持不懈的练习，学生就会有不错的进步。

二、教学方式多样化，教会跳起是高招

［教学内容］

跳绳

［教学案例］

老师拿着一根绳子，玩起了几种跳法（前甩绳跳、后甩绳跳、双手交叉甩绳跳），吸引了学生的眼球，激发了学生以跃跃欲试的欲望。但把绳子交到他们手上时，他们又玩不转：会甩绳子，但脚不会跳起来，绳子就是在他们的脚前卡着，他们只能眼巴巴地看着老师："怎么办呢？绳子怎么不过来呀？"

对于跳绳的教学急于求成是不行的，只能慢慢引导，一步一步来。

（1）练习单脚跳。单脚立地，双手抱起另一只脚或无规则地往前跳（只要不让另一只脚落地），或有规则地跳，如可以沿着地面的砖缝线往前跳。

（2）练习用前脚掌跳。或原地跳，或移动跳，不管教怎样跳，都要求学生由全脚掌着地跳过渡到前脚掌着地跳（会用前脚掌跳绳是最终目标），腿部的要求也由刚开始可以双脚弯曲跳到要求双脚直立跳。

（3）练习袋鼠跳。双脚都放进袋子中，双手拿着袋口往前跳，跌倒了，爬起，再跳。可以单人独立自由跳，也可以双人比赛跳。

（4）练习听声音跳。老师击掌，掌声一响，学生双脚就要跳起。老师也可以吹哨子，哨声一响，学生双脚就要跳起。击掌（或吹哨子）速度由慢到快，但是一定要有节奏。这是重点也是难点，因为在跳绳的时候，绳子着地发出的声音（要使学生懂得，这个声音就是命令你跳起双脚的声音），就是双脚跳起的时机，这样绳子就不会卡住脚了。但是，刚开始教学时，老师还是得牵着学生的小手一起跳，一边跳一边跟他说要领（提示他双脚跳起的时机）。

［教学反思］

对于一项运动的教学，其教学方式、方法要多样化，使学生感到新鲜，只有新鲜才有吸引力，有了吸引力才能激起他们的兴趣。教师在教学过程中，首先要正确观察学生的兴趣所在，进而做出正确的方法引导。只要教会了他们学习的方法，他们才对这一运动感兴趣，只有他们有兴趣，教学任务才能完成。一个具有高超教学艺术的教师，往往就在于他能够运用各种各样的方法，激发学生参与学习的兴趣，充分调动学生的参与度。

这项运动的学习使他们的触觉、听觉、前庭平衡觉、运动觉，甚至言语都得到了训练，这对他们的康复很有促进作用。

第三节　培智学校民间体育游戏
教学的发展思考

在培智学校体育教学中，要使培智学生对体育课产生浓厚的兴趣，教师要讲究一定的教学艺术，多培养学生的学习主动性，有针对性地进行体育教学，使学生的身心得到健康发展。所以，在制定体育教学目标时，教师应根据培智学生的特征考虑，下面我来谈谈如何上好培智学校体育课。

一、注重人格艺术魅力，运用激励语言感化学生

语言是师生之间传递信息的重要工具。教师的语言艺术性越高，则教学效果越好。体育教师语言素养不仅体现在声音洪亮清晰、干脆利落上，还体现在富有生动表情的肢体语言上。这种语言的艺术性在较大程度上决定了学生在体育课上的学习效果。体育教师的语言艺术要渗透在知识的传授、运动技术的讲解、技术要领的指导上。在教学中教师要熟练运用简明、易记、有趣的各种运动口诀，让学生在学习中轻松掌握、愉快锻炼，并且用幽默的语言为学生创造宽松的环境，尽可能地不出现"错

了、不行、还不会、真笨"等消极的言语，甚至不用眼睛、音调或是手势指责学生。特别是对特殊残疾学生，只要他们取得点滴进步，教师就要及时给予肯定。当然，对于违纪犯错行为绝不能姑息、迁就，教师必须严肃认真、摆事实、讲危害，但不能讽刺、挖苦学生，注重美好心灵的培养，达到全面提高体育教学质量的目的。教师的课堂教学语言艺术在于多表扬或鼓励学生，以树立学生战胜困难的决心，激发学生的自信心。对于这些特殊的学生来说，他们更需要教师的鼓励，更渴望得到别人的认可，所以教师应该更多地进行适时的鼓励和口头的表扬，如"好""不错""有进步""太棒了"等，这些口头的评定对提高学生的自觉性、积极性能起到很好的作用。

黄同学曾经是我所教的一个有着严重听力障碍的学生，即便上体育课他也需要配戴助听器，从第一堂课开始，我就十分关注他，把他的位置调到前排，故意放慢讲话速度，不时地询问他是否听清楚。课上我多次鼓励他跟着同学一起练习，并且在全班同学面前给予表扬。两周后，我接到了他家长的电话，他的家长十分感谢我对孩子的帮助，说孩子现在越来越喜欢上体育课了，再也不会像以前那样故意逃避体育课，还觉得和同学相比自己一点都不差。教师在教学中发挥自己的人格魅力，潜移默化地影响学生，就是教师教学的艺术魅力。

二、建立和谐师生关系，创设浓厚情感教学

什么是和谐的气氛呢？我认为就是教师上课时态度和蔼，讲解具体生动，示范优美正确，使培智学生能在积极愉快、严肃活泼的气氛中学习锻炼。众所周知，体育课主要从事各种身体练习，身体练习属于运动条件反射，它是在大脑皮层支配下而进行的一种有目的、有意义的运动。和谐的气氛能够使培智学生的大脑皮层保持适度的兴奋状态，便于接受新知识，

掌握新动作，并能在此基础上进行创造性的学习锻炼。相反，课堂气氛沉闷，师生之间存有隔阂，培智学生的心理状态就会出现不均衡，大脑皮层的兴奋性就会降低，甚至会处于抑制状态，因此主动肌与对抗肌的协作也就会受到影响，从而引起动作失调。和谐的师生关系有助于课堂教学的有效性，师生交流互动的时间和机会越多，学生参与学习的时间就越多，有效教学的可能性就越大。

可见，有效教学必须营造一种民主、平等、和谐、愉悦的学习氛围，给学生以友爱、平等、快乐、成功的享受。教学中，教师的一言一行都会对学生产生一定的影响，它直接关系到课堂教学的效果及学生的身心发展。我们要关爱学生，并和学生一起参与课堂活动，如在球类运动中，注重师生互动是使学生充满信心的基础，在传球、拍球的活动中，教师和学生相互传接球，教师适时进行耐心提示并示范，容易拉近师生间的距离。相反，如果教师始终都认为某生难以成器，不管不问，该生的学习兴趣和积极性就会受到制约。因此，加强师生间的沟通与交流是教学中不可缺少的环节。

三、创设情境，激发潜能，让学生爱好体育

激发学生的学习兴趣是使智力障碍学生乐学、愿学、学会的关键。体育课本身对智力障碍学生就有一定的吸引力。教学中，教师要根据体育课的特点以及智力障碍学生的感知觉特点，来激发他们积极主动参与体育课的兴趣。创设课堂情境是激发学生学习兴趣的关键。课堂教学中，我们可以从我们常见的、身边经常用的东西着手，采用生活展现情境，实物演示情境，图画、录像、音乐渲染情境，表演体会情境，语言描述情境。培智学生的情感体验比正常人的要更为错综复杂、细腻多样，只有学生用"心"去体验新的环境和条件，才能在体验中把教育要求内化为品质，外

显为行为，从而更好地从心理障碍的困境中解脱出来，在和谐的环境中愉快地生活，使心理健康地发展。

四、采用多样化教学手段，适合培智学生本质特性

例如，在游戏换物赛跑中，教学不要进行千篇一律地重复，教师可以对每次练习提出不同的要求，如第一次提出不犯规为胜，第二次加上谁的队伍排得好为胜，第三次再加上谁跑得快为胜，不断提出新的要求来吸引培智学生完成游戏任务。同样在跳绳、拍皮球活动中，当培智学生拿到绳子或球时，多么想自由地活动。教师可以在完成规定的任务后，给培智学生1~2分钟时间让他们去发挥各自的才能（各种各样的跳法或拍法）。因此，培智学校体育课应采用多样化教学手段，如分层教学法。培智学校在体育教学中，根据学生的运动能力，可以实施分层教学策略。由于培智学生每个人的情况都有其独特性，即使在同一年龄段内，学生对体育运动的理解能力以及运动能力都是不同的，教师在教学中会遇到诸多的问题。但是，每个班级的学生数量较少，教师可以利用数量较少的优势，组织学生进行体育活动。

培智学校的体育教学是一个特殊的教育过程，有其自身的特点和规律。教学中，教师必须以学生为基本出发点，兼顾个体差异，要针对智力障碍学生的特点，坚持以康复技能为首要训练目标，由浅入深、由易到难上好体育与健康课，全方位对学生进行训练，使培智学生养成良好、自觉、符合自身特点的锻炼习惯，从而形成良好的体育品质。

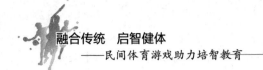
第四节　民间体育游戏与体育教学的融合

体育是每个学生都要学习的科目，而与其他科目不同的是，体育教学若死板地按照教材进行，那么将会失去学科的真正意义。教师想要保证体育教学的质量及效率，就必须在体育教学中融入体育游戏，让学生在体育游戏中提升自身的思维认知、促进身心健康以及智力发展等，只有做到全面提升，才能达到体育教学的最终目的。

一、体育游戏对培智学生的影响

在体育教学中融入体育游戏可以让学生的智力、心理、思维、身体素质等方面都得到全面的发展。

（1）在跑步活动中，学生不但可以提高自身的身体协调能力，还可以提升自身的身体素质。

（2）在呼啦圈活动中，学生的腰部、腿部、手臂等部位将会得到有效的锻炼。

（3）在篮球活动中，学生的弹跳力、反应速度、智力将会得到有效提升。

（4）在拔河活动中，学生能够明白团队的重要性，能够培养学生团队合作、沟通交流的意识。

（5）在各种比赛活动中，由于胜负的存在，学生的心理素质以及自信心将会得到培养。

可以看出，无论是哪种类型的体育游戏都对学生有着积极的影响，通过游戏，学生的思想品德、身体素质、行为习惯将会得到有效的提升，并且学生将会更加热爱体育，如此一来，体育课程的教学质量将会得到明显的提升。体育教师要合理地应用体育游戏，只有合理搭配才能发挥出游戏教学的真正优势。此外，游戏教学还能消除学生对教师的畏惧感，当师生关系融洽之后，学生会更加主动地与教师沟通，可以更快地掌握相关知识和技巧。而教师要注重教学，把游戏只作为辅助教学的手段，只有在这种教学模式下，才会更为快速、顺利地实现教学目标。

二、特殊教育体育游戏实践

（一）体育游戏设计的合理性

为了保证体育游戏的设计合理，体育教师在设计游戏时必须以课程标准作为依据，选择实际操作性强、可实行的体育游戏，同时游戏的难度不宜过高，防止个别培智学生因身体素质问题而无法参与到体育游戏当中。爱玩、好动是学生的天性，因此在体育课程中教师不应过分要求培智学生严格遵守规则，这种强制性的约束会使学生对体育课程产生厌恶感，不但无法提高教学质量，还会适得其反。对此，教师应当观察学生的特点，根据学生实际情况设计出相应的体育游戏，再将体育游戏与教学内容融合到一起，体育教学实践的效果将会得到有效提升。体育游戏能够吸引学生的注意力和好奇心，学生在体育游戏过程中，不但可以锻炼自身，还能掌握教学知识。

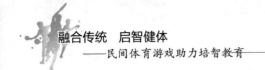
（二）体育游戏设计符合教学内容

值得注意的是，教师应清晰了解到体育游戏并不是体育教学中的主要内容，设置体育游戏的目的仅是为了调动学生的积极性，调节课堂气氛，在没有体育游戏的情况下，体育教学也是正常进行的。例如，学生在体育课堂中经常出现注意力不集中、无法完成教学任务的情况时，教师则可以利用体育器材，如呼啦圈、篮球等来吸引学生的注意力。再如，在进行立定跳远教学时，由于立定跳远运动的特殊性，学生只能待在原地进行练习，此时教师可以将呼啦圈放到地上，要求学生从一个圈跳到下一个圈内，这会大大提升立定跳远的趣味性，并且由于有呼啦圈的限制，即便是喜欢动的学生，也会保持在圈内。学生在这种体育游戏中不但可以获取快乐，还能掌握立定跳远的技巧和知识。所以，教师应当注重游戏的内容，只有游戏与教学内容充分结合，才能发挥出最佳效果，如果只进行游戏，学生将无法领悟到体育教学的内容。

（三）确立体育游戏与教学课堂的界限

体育教师应充分明确体育教学和体育游戏之间的界限，了解各自的概念。当学生在进行体育游戏时，教师也应注意适当管理，避免学生过于放松而导致学生无法掌握教学内容，只有将体育教学与游戏合理搭配，才能起到积极的作用。教师应当对学生展开适当的引导，当学生已经通过体育游戏掌握教学内容后，要积极引导学生回归课堂，只有这样，才能达到提升体育教学效率的目的。

（四）体育游戏促进学生各方面发展

在体育教学中加入体育游戏，不仅是能帮助学生掌握教学知识和体育技巧，还能培养学生的思想品德和意志品质。除了在体育教学中融入体育游戏外，在体育教学完成之后，教师也可以安排一定的体育游戏，让学生在游戏过程中放松自己身体、思维以及心理，使其身心愉悦，利于其树立积极向上的观念。除了个人游戏外，体育教师也可以设计团队游戏来增强学生之间团队合作能力。例如，拔河比赛、接力跑等游戏，让学生通过这些团队游戏，来培养互帮互助、共同努力的意识和精神。

体育游戏与体育教学的融合是非常重要的，也具有非常多的优点。为促进学生的综合发展，教师必须注重运用游戏教学方式。通过各种体育器材，如呼啦圈、篮球、足球等，设计出与教学内容相符合的体育游戏，让学生在游戏中掌握体育教学的知识要点和动作要点，通过对两者合理的控制，提高体育教学的质量及效率。

在实际的教学活动中，培智学生在学习上或多或少会遇到一些问题，这些问题导致他们厌学，有的甚至会放弃继续学习。这时便需要教师用寓教于乐的方式重新唤醒他们的学习动力，提升他们的智力水平。民间体育游戏便是一个可行的教育方式。尤其在实行"素质教育"的今天，体育教育呈现出一派欣欣向荣的景象。在这种形势下，民间体育游戏的教学环节越来越受到学生的欢迎，在体育与健康教学中所起到的作用越来越大，所起到的培智作用也渐渐得到众多实践活动的证明。相信未来民间体育游戏在培智体育与健康教学中的应用必将逐渐普及。

1. 民间体育游戏在培智体育与健康教学中的作用

（1）有利于提高培智学生的品德修养

民间体育游戏具有特定的规则，教师在民间体育游戏教学过程中引导学生遵守规则和纪律，从而帮助学生养成良好的习惯。同时，游戏需要学生相互配合完成，学生在轻松愉悦的氛围中感受到集体作战的责任，进而提升了团队意识和集体主义精神，并且学生在游戏过程中为了集体荣誉而努力，增强了自身的拼搏精神，在潜移默化中培育了勇敢向上的品质，有利于促进学生综合素质的发展。

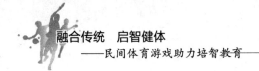
（2）有利于提高培智学生智力水平

民间体育游戏在提高学生的身体素质的同时，也有效促进了学生智力水平的发展，在很多民间体育游戏中包含了相应的智力因素，学生必须集中注意力并运用智慧才能完成游戏。比如，在某些对抗竞赛的游戏中，学生个体或者整个团队必须熟悉规则，并开动脑筋制订有效的合作方案，从而更好地完成游戏，取得良好的成绩。在这样的过程中，学生的智力水平得到了提高。

（3）有利于培养学生的沟通能力

传统体育与健康教学往往以教师为主导开展相关教学活动，学生在教学中处于被动地位，这严重影响了学生的学习积极性，阻碍学生身体素质的提升，同时学生的交流机会较少，不利于学生综合能力的提升。而在民间体育游戏教学过程中，学生在集体游戏中增进彼此的了解，增加交流机会，并在生生交流之中学会社会交往的知识与经验，进而提高了自身的交际能力。

2. 民间体育游戏与培智学生的匹配度

对于智力障碍儿童而言，运动是他们与生俱来的爱好，他们对运动的兴趣也尤为强烈。但由于智力水平的限制，他们的运动更多地处于一种无意识或潜意识的无序运动中，加之他们在感知、记忆、思维等方面较常人而言存在不同程度的缺陷，经常会出现学习困难、反应迟缓、动作不协调、呼吸困难等情况。那么，应该如何解决学生这种热爱运动但却无法自主、有序运动的现实问题呢？开展民间体育游戏教学便是颇为可行的一种解决办法。

通过民间体育游戏，引导学生进行规范化、有序化的娱乐活动，寓教于乐，让学生在运动中逐渐掌握自我思考与解决问题的能力，进一步提升学习能力，实现教学目标。培智学生由于智力水平的限制，其沟通与交流能力弱于一般人，很难在日常的交际活动中形成固定的认知关系。而通过民间体育游戏这一具有角色性质的教学活动，引导和带动学生进入角色，让其感受到身为一个社会人所应具有的权利和义务，从而更好地形成对自我的认知，进而发散到他人，最终掌握一定的交流方式与沟通技巧，扩大朋友圈，加快其成为社会人的步伐与进程。综合而言，民间体育游戏与培智学生的匹配度较高，容易获得良好的教学效果。

3. 开展民间体育游戏的注意要点

（1）耐心引导，重复示范，因材施教地制定教学内容

智力障碍学生的情感体验较差，学习能力也偏弱，且每个学生都有不同的障碍。因此，在设计民间体育游戏时，应把培养兴趣放在第一位，教育放在第二位。先让他们感受到游戏带给他们的快乐，提升他们对体育与健康课的兴趣，在达到培养兴趣的既定目标后，再通过一定的形式完成教学目标。同时，由于不同学生的情况不同，在设计民间体育游戏活动时，教师要提前对学生的认知和能力做测试，根据测试结果和综合情况，制定教学内容。尤其要注意的是，智力障碍学生的理解和学习能力弱，因此在教学过程中，教师应保持足够的耐心和爱心，不断地重复引导，力求让所有学生融入游戏中。

（2）注重兴趣激发，预防"偏食"

民间体育游戏虽然深受学生的喜爱，但有时不可避免地会出现"偏食"现象，即学生对某种民间体育游戏不感兴趣或因为某种情况而不愿参加民间体育游戏。这时便需要教师通过游戏前所做的个人测试及具体现象判断学生情况，寻求行之有效的解决方案。一般情况下，教师可通过"先带动后融入"的方法，多给予学生一些关心和鼓励，最终都能使学生融入游戏的快乐当中。教师在游戏实践过程中，应注重观察学生的不同表现，从中总结出不同学生所擅长的不同体育运动，在接下来的教学中，不断加

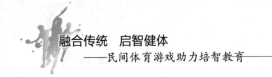

强引导和开发，使爱好和能力融为一体。只有这样，才能让智力障碍学生真真正正地在游戏中获得成长，从而更好地走向社会。

（五）考虑学生个体差异，分层级设计民间体育游戏

培智学生在身体机能和智力水平方面存在个体差异，在日常生活和学习中表现出不同的特性。在传统体育教学中，教材设定的教学内容并未考虑培智学生的差异性，导致教学效果不理想。而在民间体育游戏教学中，教师多以学生个体差异为基础，分层级设计游戏，以此提高教学的整体有效性。比如，在"救人质"游戏中，教师在考虑学生个体差异后，可以将游戏进行分层级设计，按难易程度分为三种，对不同的学生设置不同的任务，收到了较好的教学效果。

民间体育游戏对于培智体育和健康教学具有非常大的帮助，可以在完成教学目标和传授基础技能上起到事半功倍的效果。只要循序渐进，民间体育游戏就一定能够让智力障碍儿童掌握最基本的生活技能和社会技能，从而为社会发展做出贡献。

三、特殊学校课程需要点对点的设计

特殊学校课程需要经过谨慎特别的设计，因为特殊学校是特殊学生的第二个家，应当使特殊学生经过特殊学校的教育之后，能够在一定程度上满足未来社会的需求。特殊学校课程应当从以下四个方面进行点对点设计，以达到较为良好的效果。

（一）培育安全意识

在特殊学校的阶段体育教学中，培育学生安全意识具体可分为两个方面：第一个方面是体育教师自身安全意识的提高。只有体育教师自身树立起"安全第一"的思想，并且在每节体育课的课前、课后全面、谨慎地分析体育教学中哪些方面可能会让学生受到伤害，或是发生一些可能不在

估计内的危险。例如，在列队或是跑操等体育教学中，如果没有经由教师充分的提醒，有的残障学生在需要列队的时候非常调皮，相互之间嬉笑打闹且不注意力度和分寸，就可能会导致部分学生受到身体一定程度上的伤害。因为有一些残障学生，如智力障碍的学生，有可能从未意识到什么事情是不可以做，什么事情是应当阻止的。体育教师应及时发现这些环节，有情有理地加以教导，阐述为何不能这样做的原因，从而有效提升残障学生的安全意识。

（二）提高身体机能

预防体育教学中可能发生的安全事故，还有一个很基本的方面，那就是从根本上提高残障学生的身体机能。特殊学校经常发生的一个状况就是学生在面对不平坦的道路或者台阶不小心摔倒时无法用手，或手肘支撑一下保护自己。体育教师如果在体育教学中能够充分地提高学生的反应能力和运动速度，与之类似的事故是完全可以避免的；反之，如果体育教师在教学中十分懒散，得过且过，将会非常限制学生身体技能的发展，弱化学生的应急能力。

（三）周密教学计划

对很可能导致不安全状况的教学内容，教师应当提前做出不同的方案，如跳跃练习，是一种非常常见的体育课热身活动，在实际教学中经常被使用，而这种热身活动很有可能导致下肢的肌肉损伤。教师应当考虑到有些学生身体反应不灵敏，可能在不同的部位受到损伤。因此，教师应当多方面考虑到不同学生的具体状况，制订出有针对性的预防措施。

例如，有些学生身体较为健壮，或有些学生身体较为肥胖，运动起来较为迟缓，教师就应当针对这一部分学生，做出具体的要求，而不是一概而论。当前教育体系下的大多数体育教师，在学校所学的大多都是以竞技为主题的知识，从而在教学计划的制订、教学方案的撰写上，受到了一

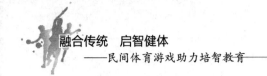
定程度的思维限制，而不能与特殊学校的教育目标相符合。为此，教师应当从原本所学的知识中跳出来，根据具体情况安排不同的教学方案。如果只满足于自身已有知识而不求进步，将无法满足特殊学校的教学要求。除了深化已学内容之外，教师还应当通过不同的渠道，如网络或周刊等，拓展自己的知识面，在教学的同时提高自身的素质，从而可以制订出合情合理、符合特殊学校体育教学的教学计划和方案。

（四）实施快乐教育

学生在体会到学习是一件快乐的事情之后，学习的主动性就会越来越高，这是一个教育学的规律。因此，教师要发挥自身的积极作用，激发学生的学习热情以及主动性、积极性。教师要研究不同民间体育游戏的特点，充分发挥其引人入胜的一面，实施快乐教育思想。比如，在课中，教师可以开展一些诸如"老鹰抓小鸡"的游戏，教师和学生可以充分合作，既锻炼了学生的身体，也活跃了学生的思维，而且减少了教学中有可能产生的部分学生的逆反心理，让学生非常期待下一次的体育教学。

除了以上这些教学方法之外，更需要教师用一颗真诚的心来关心爱护这些特殊学校的学生。特殊学校的体育教师要制订切合实际的教学计划，处理可能在体育教学中导致安全事故发生的隐患，致力于学校和学生相互促进，尤其是促进这些学生身体与心理同步健康发展，让家长们看到特殊学校的教育是有用的、有价值的。

四、培养学生学习兴趣

兴趣是引导人们探索某种事物或某种活动的重要动力。学生对体育课是否感兴趣很大程度上取决于体育课的教学效果，加上体育课本身对智力障碍学生就有一定的吸引力，那么如何根据体育课的特点以及智力障碍学生自身的特点，激发所有智力障碍学生积极主动参与体育课的兴趣一直是

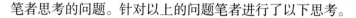

笔者思考的问题。针对以上的问题笔者进行了以下思考。

（一）智力障碍学生对体育课不感兴趣的原因分析

1. 体育意识薄弱

首先，智力障碍学生的父母因为子女的先天不足而心疼孩子，在家里事事包办代替，使他们从小就比正常的孩子做得少，渐渐养成"怕动"的坏习惯，导致体育课学习兴趣不高。其次，智力障碍学生的身体素质低于正常的学生，他们受自身素质、家庭教育、社会观点等因素的影响，做事失败体验多于成功体验，自信心极度缺乏，造成他们平时的活动范围、运动机会比正常学生要少得多，缺乏必要的锻炼，因而身体素质较差，身体差又不愿意参与体育运动，形成了恶性循环。

2. 教学教法单一

第一，教材课程没有根据学生的实际情况制订，当前特殊教育体育课程设置大多参照普通体育课程的内容，只是将要求适当降低。第二，教师的课堂教学运用固定的模式，开始、准备、基本、结束四部分清楚又死板。准备活动就是慢跑，徒手操就是进行简单的关节活动，让学生和教师都感到乏味。在基本部分的知识和技能传授中，对于智力障碍的学生一没有结合他们的生活实际，只有单一的练习方式，枯燥而无味。第三，现在培智学校的体育教师都是普通小学教师，非特殊教育专业毕业，加上平时也缺少培训，教师对特殊学生的特殊需要没有真正理解。所以，有小部分学生一上课就装病，在旁边观看。教师因为学生上课的积极性不高，也就采取"放羊式"的教学方法，学生玩自己的，教师看好就行了。

3. 教师与学生缺少沟通

大部分智力障碍学生的语言表达能力较弱，在成长的过程中常会因受到周围孩子的耻笑，自信心受到打击，很多时候他们不说话、少说话，有说话的时候的声音也非常的小，很少表达自己的需要。例如，有的学生

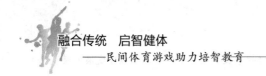

不敢跟老师说去卫生间。所以，很多的学生跟教师有距离感，对教师不信任。同时，教师缺少跟学生的交流，不能从各方面去了解学生。

（二）激发智力障碍学生对体育的学习兴趣的对策与建议

1. 注重课堂情境创设，激发学习兴趣

智力障碍学生特别是中、低年级学生，爱表现，善于模仿，喜欢在故事情境里游戏、玩耍。为此，教师可以根据教学内容和学生的特点创设学习情境，使他们身处生动活泼的情境之中，锻炼身体，学习动作，体验学习快乐。例如，在学习"单、双脚跳"动作时，教师把教材内容通过"小兔子与小花猫"的故事展开，制作相应的教具，如做动物的头饰带在头上，让学生扮演他们喜爱的小动物，通过游戏将教材内容贯穿全课。课的导入采用音乐和模仿练习相结合的方式，调动学生听视觉和本体感觉一起参与学习活动。此外，还有其他的方式方法，教师可以根据学生的感知觉特点，在场地的布置、队列队形活动内容及组织的形式等方面进行创设，使学生一上课就感到有趣，注意力便一下集中起来，能够积极主动、自发地参与到体育教学中。

2. 注重个体差异，鼓励加指导，让学生体会成功的快乐

兴趣与成功是相辅相成的，兴趣可促使学习成功，而成功又激发学习兴趣。特别是智力障碍学生更需要鼓励、帮助，来保持自信，让自身不断进取。在教学中，针对不同水平的学生，教师要采取不同的方式，充分尊重学生的个体差异。

例如，低年级学生学习跳绳时，教师可以把学生分成强、中、弱三组。掌握快的学生放在一组，对他们提出更高目标；会跳的但跳不好的放在一组，鼓励他们只要努力练习就可以进入上一层，给他们信心，还要培养他们观察、理解和动手动脑能力，不能让他们觉得自己太差，而要让他们感觉到只要努力就能够上一层；不会跳的放在一组重点指导，只要发现

一点点进步就及时给予肯定，以增加他们的自信心，让他们相信自己，只要努力就能取得好成绩。采取多种形式的教学方法，可以引起学生学习的兴趣。在教学中，教师要根据教材内容和智力障碍学生的特点灵活安排，不断变换自己的教学方法，运用合理、新颖能使学生产生强烈兴趣和新鲜感的教学组织方式来调动师生两方面的积极性。

例如，口令的喊法，有的可以用数字口令（1，2，3，4），有的可以用语言口令（加大摆臂，动作到位，再来一次，舒展大方，等等）。再如，走步练习比较枯燥，教师可采用让学生拍手走、前脚掌着地走、听音乐走等多种形式实施教学。同样在"跳绳""拍皮球"课堂上，当学生拿到绳子或球时，大多想自由地活动。教师可以在学生完成规定的任务后给学生1～2分钟时间去发挥各自的才能（各种各样的跳法或拍法）。当学生的欲望得到满足，他们就能集中思想和精力很好地学习下一项内容。"教学有法，教无定法，贵在得法"，也就是说，体育教学方法是多种多样的，教学教法灵活、手段多样、形式活泼，不仅可以直接引起学生的兴趣，还可以使学生更快地学会动作，调动积极性，体验、感受体育课的快乐。

培智学校的教育教学是个特殊的教育过程，培养智力障碍学生学习兴趣的方式方法有很多，我们要认真地研究实践，根据自己学校的实际情况，积极探索，创造更好的可行办法，引导学生"爱上体育课，爱上运动"。运动可以改善神经系统的功能，对补偿智力障碍学生身心缺陷，帮助他们树立自信心，促进交往能力的提升，培养良好的道德品质都具有积极的作用。

第七章

培智学校民间体育游戏课程教学案例

民间体育游戏类型很多，内容也很丰富，将其融入培智学校课程教学中，可以促进学生成长与发展。因此，了解相关教学案例是必要的，也是为了更好地开展研究，引导更多培智学校使用民间体育游戏课程教学，给予学生更好地成长引导。

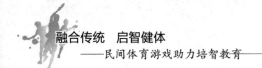
第一节　常见民间体育游戏

一、跳皮筋游戏锻炼弹跳能力

跳皮筋是一项传统的民间体育游戏，它对特殊儿童的弹跳能力有很好的锻炼效果。跳皮筋简单易学，其游戏形式简单明了，且趣味性极强，适合特殊儿童的各年龄段。培智学校教师可以在体育教学中带领特殊儿童开展跳皮筋的游戏活动，让特殊儿童在游戏中锻炼弹跳力，并引导他们在与彼此的合作中体验游戏互动的快乐，达到趣味锻炼的目的。

二、踢毽子游戏锻炼身体协调能力

培智教师为了帮助特殊儿童锻炼身体的协调能力，将民间体育游戏踢毽子带到课堂中，引导特殊儿童在踢毽子比赛中，实现身体协调性的有效锻炼，帮助特殊儿童提升自身的协调能力。例如，教师带领特殊儿童进行踢毽子比赛，为了增加比赛的趣味性，营造快乐的氛围，可实行踢毽子接力赛，进行小组成员的合作接力，看哪一个小组在规定的时间内踢毽子的个数最多。比赛中，教师要引导特殊儿童进行互动加油，营造一种热烈愉悦的氛围，激发特殊儿童参与活动的积极性、主动性。踢毽子游戏的愉悦性强，参与度高。教师将这种民间体育游戏巧妙地融入体育教学当中，让特殊儿童在踢毽子活动中促进了身体协调能力的全面发展。

三、掰手腕游戏锻炼手臂力量

在特殊儿童体育课堂上，教师将掰手腕民间体育游戏带入课堂中，让特殊儿童在趣味的互动中，实现手臂力量的有效锻炼。从互动游戏中获得身心愉悦的体验，并以此来激发快乐与自信，实现科学锻炼的最终目的。锻炼活动以两组对抗的形式进行，教师将特殊儿童分成两个小组，让每组各选派代表参与比赛，获胜一方将获得加分。经过不断地对抗得出最终的成绩，教师要为获胜组颁奖，以实现锻炼的愉悦性。掰手腕游戏对特殊儿童的手臂力量是一个很好的锻炼，特殊儿童在这种激烈的比赛中不仅仅锻炼了身体的素质，还锻炼了自身的意志品质，让他们懂得了坚强的意志力也是成功的关键，对他们今后的人生都有很好的帮助。在体育教学引入掰手腕游戏，可以让特殊儿童在互动的对抗赛中锻炼自己的手臂及腕部力量，体验到意志对取得胜利的重要性，让特殊儿童在锻炼中不断成长。

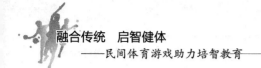
第二节 民间体育游戏教学设计与创编案例

"炒黄豆"教学设计

【设计意图】

民间体育游戏是学生非常喜欢的一项户外活动,"炒黄豆"是民间体育游戏中比较经典的小游戏,游戏动作简单,配上朗朗上口的儿歌,节奏感极强,有着浓厚的趣味性,关键是不受场地的限制,较小的地方也可以做,非常符合学生好奇、好动的特点,让他们在玩中乐、在乐中学,并且玩中有得、玩中有创,有利于增强学生的体质,掌握的动作技巧,提高学生的自信心,促进学生身心健康发展。因此,我特设计了这个体育游戏。

【活动目标】

1. 能边念儿歌边做动作,掌握侧身翻的技巧,发展动作的灵活性和协调性。

2. 乐意和同伴结对玩耍,体验游戏带来的乐趣。

【活动准备】

1. 游戏前学生熟记"炒黄豆"的儿歌："炒、炒、炒黄豆，炒好黄豆翻跟斗。"

2. 平整的户外场地。

【活动过程】

（一）开始部分

热身运动：听音乐活动手臂、手指、腰等部位。

（二）基本部分

第一个环节先引导学生讨论："炒黄豆"应该怎样炒？（学生根据已有经验，回忆炒菜的样子，激发学生游戏兴趣）

第二个环节向学生介绍游戏的玩法：首先学生找到自己的好朋友，两人面对面手拉手站好。然后一边说儿歌："炒、炒、炒黄豆，炒好黄豆翻跟斗！"一边向里外晃手表示"炒黄豆"的动作，儿歌结束时，两个人一块翻转身体成背对背。

第三个环节学生对背站好后，游戏继续进行，可继续"炒"，再翻转成原来面对面的动作，这样反复进行。这个环节可提醒学生用多种方法"炒"，如单手"炒"、双手"炒"等。

第四个环节待学生熟练动作技巧后，可延伸到"炒青菜""炒花生""炒黄瓜"等，还可引导学生交换同伴玩游戏。

【注意事项】

在游戏过程中，重点指导学生掌握侧身翻的技巧，不断加快侧身翻的速度。

【活动反思】

这个民间体育游戏，看似很简单，但对于从未接触过侧身翻的培智学生来说也是有一定难度的：开始只有少数几个学生掌握了侧身翻的技巧，还有多数学生对动作比较生疏，常常是做完前面一个动作不知道下一个动作是什么，或者是头不知道该往哪里钻，有的学生甚至是一个钻进去，而另一个就不钻了，直接转过身来，动作很不协调。

针对这种情况，我及时对他们进行个别指导，创编"再把另外的小手升起来""头儿朝里钻"等儿歌进行练习。我还让学得快的几组学生进行了演示和指导。慢慢地，学生能翻过一个、两个，能力强的学生还能连续翻几个了，学生边念儿歌边游戏玩得特别开心。

最后为了增加游戏的兴趣，我还引导学生延伸到炒别的食物，互换伙伴，等等，不仅给学生提供了互动交往的机会和空间，对学生的身体发展还起到了多方面的作用，使学生真正体验到了游戏带来的乐趣。

附：游戏——"运粮食"

（1）引起兴趣：农民伯伯的粮食丰收了，咱们帮着一起运到粮仓里去吧！

（2）探讨规则：要想运得快，三个人应该怎么做？粮食掉了怎么办？

（3）师生示范：边运粮食边强调游戏规则和合作的重要性。

（4）学生分红、黄两队进行运粮食的比赛。

（5）交流第一次运粮食的感受，总结经验。

（6）学生再次进行游戏，教师为学生加油。

放松游戏，结束活动：

（1）师生边念儿歌边玩民间小游戏（"王婆婆抱妹妹"等）。

（2）小结：今天玩得开心吗？为什么？

"交通灯" 教学设计

【活动目标】

1. 锻炼学生跑步的速度，培养学生的反应能力。

2. 具备规则意识，理解游戏的规则并遵守游戏规则。

3. 喜欢民间体育游戏，体验游戏过程中的快乐情绪。

【活动准备】

软化、平整的户外活动场地。

【活动过程】

（一）热身环节

（1）带着学生围着操场慢跑两圈。

（2）伴随音乐做身体各部位的热身运动。

（二）基本部分

（1）一学生站在场地的终点面对着墙（背对着其他人）站，其他学生站在起点线上，准备朝终点进攻。

（2）终点处学生喊"红灯绿灯小白灯"，节奏可快可慢，然后其他学生就从起点往终点方向跑动。终点处学生喊完"红灯绿灯小白灯"之后马上回头去看，这个时候其他所有的学生都要马上静止，身体的任何地方都不能动。终点处学生仔细审查一下，如果发现谁动的话，那个学生就必须回到起点线重新再往终点线跑。

（3）这样每次循环，然后直到有达到终点处学生，算是目标完成，然

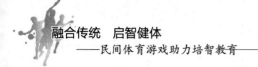
后大家一起往回跑。

（4）终点处学生马上跑着去抓这些人，先抓到谁，谁下次就站终点处，其他学生回到起点。但是如果等所有学生都跑回起点线，终点处学生一个人都没有抓到的话，那么他继续回到终点重新游戏。

（5）游戏注意事项：

① 终点处学生要善于通过喊"红灯绿灯小白灯"的节奏来找出处学生的破绽，迫使位置靠前的学生往返回起点线。

② 起点处学生要善于在终点学生回头的瞬间马上保持静止。

③ 往返跑动时注意躲避他人，不发生碰撞。

（6）结束与放松：

① 教师带领学生做全身各关节的放松运动，重点放松手臂和腿部。

② 收拾归整器械，有序回教室。

"小推车"教学设计

【活动目标】

1. 练习在指定目标上用推小车走、跑，保持身体动作的平衡。

2. 感受本土产品的特性及参与游戏的快乐。

【活动准备】

1. 推小车20个。

2. 用塑料筐做成小兔、小狗、小猫的家，分别放在场地的四角。

3. 狗骨头卡片、红萝卜卡片、小鱼卡片各20张。

4.音乐准备：欢快音乐以及放松音乐各一首。

【活动过程】

（一）准备活动

在音乐声中，做活动准备。

（二）导入部分

教师用语言导入：

（1）在我们的家乡生产了许多小推车，这些小推车很特别，都是用竹子做的，在别的地方都没有的。

（2）教师出示小推车，并边示范边说："手拿一根小竹子，推着小车向前行，慢慢走慢慢推，小车稳稳向前进。"

（三）游戏过程

（1）学生自由练习推小车。

教师帮助学生按一定的方向行驶，不能碰撞别人。

（2）教师突然接到个电话，森林里的小动物没有食物吃了，想请小朋友们帮忙送食物给它们。

（3）出示3种食物卡片，请学生分辨是哪些小动物需要帮忙。

（4）先将食物送到最近的小兔家，练习双手慢慢推。

① 请学生一人拿一张红萝卜卡片，送到小兔家，然后再返回。

② 教师小结。

（5）再将食物送到小狗家，练习单手慢慢推。

① 请学生一人拿一张狗骨头卡片，送到小狗家，但是去小狗家路很窄，我们只能单手推小车送，然后再返回。

② 教师小结

（6）最后将食物送到小猫家，练习单手慢跑推小车。

① 请学生一人拿一张小鱼卡片，送到小猫家，但是去小猫家最远，我

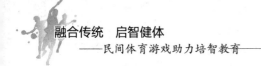

们要加快点速度，慢慢跑到小猫家，并返回。

②教师小结。

（四）放松部分

在音乐声中，放松身体各个部位。还有更多的小动物需要帮助呢，我们快去吧！自然地推着小推车走出场地，活动结束。

有趣的"呼啦圈"教学设计

呼啦圈是学生喜欢的一个运动项目，不过大多数学生认为呼啦圈只能在腰上摇晃，在一次体育活动中，我只是拿圈让学生玩游戏，却发现有些学生用圈玩出了各种玩法。我开始有目的地观察学生的反应，发现在后来的活动中大部分学生对圈的玩法比较局限，但是兴趣依旧浓厚。为了激发学生对圈的玩法的进一步拓展以及学生的想象力，我设计了本次活动"有趣的呼啦圈"。

【活动目标】

结合《3～6岁儿童学习与发展指南》的教育建议和本班学生的年龄特点，我设定了以下三个目标：

1.增强学生参与运动的积极性，在合作中体验玩圈的乐趣。

2.探索呼啦圈的各种创新玩法。

3.掌握钻、跳圈的动作技巧。

重点：大胆探索呼啦圈的多种玩法，体验"一物多玩"。

【活动难点】

培养学生的创新性思维及在合作中练习钻、跳圈的基本动作。

【活动设计】

《幼儿园教育指导纲要》在学生健康领域的目标中明确指出：培养学生对体育活动的兴趣就是幼儿园体育的重要目标，要根据学生的特点组织生动、有趣、形式多样的体育活动，吸引学生主动参加，同时发展学生动作的协调性和灵活性，鼓励学生进行跑、跳、钻、爬等活动。

在"有趣的呼啦圈"活动中，钻、跳的能力跟学生生活密切相关，通过多次锻炼，逐步提高学生动作的协调性和灵活性，从而使学生在基本动作方面得到锻炼和发展。活动体现了以学生为主体，尊重学生的自主表达，鼓励学生的自主探索，并让学生大胆探究，体验玩圈的乐趣。在活动中，学生通过商量、合作，尝试呼啦圈不同的玩法，拓展了学生的思维，培养了同伴之间的交流与合作。在活动中，教师对不同能力的学生给予指导，尊重学生的个体差异。

本次活动组织程序环环相扣，活动流程分为：开始部分，在音乐中，学生随着教师有节奏地做热身运动，活动学生的膝关节、腰部等，为开展活动自然过渡。基本活动，根据学生好奇、好动的特点，我提出呼啦圈一个人怎么玩呢？让学生自主探索，鼓励学生大胆尝试多种多样的玩法。我在活动中关注学生探索出的新玩法，及时给学生鼓励和肯定，最后让个别学生分享展示，其他学生说出具体玩法，如跳、转、滚等。游戏的安全及规则是活动的基础。本次活动的重点环节是，学生从自主探索玩呼啦圈过渡到小组共同探索新玩法，引导学生积极思考、大胆尝试、探索交流。活动中，我及时激励学生，新玩法层出不穷。在小组探索后，我通过让学生分享展示、介绍新玩法，集体再体验，让学生获取呼啦圈的多种玩法，感受同伴合作的乐趣。这个环节突破了重难点，更进一步激发了学生的探索

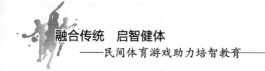

兴趣。活动层层递进，难度不断加深。在结束部分，全体学生自由结伴回班，动静交替、首尾呼应。

【师幼互动】

在本次体育活动中，每个环节我都做了精心的预设，整节课体现出了"教师主导，学生主体"的特点。比如，我引导学生以个人、小组、集体的方式来探索呼啦圈的玩法时提问道：看谁能用呼啦圈变出有趣的玩法，然后再来教教老师。学生听后都积极参与。最后，我和学生一起参与到玩呼啦圈的游戏中，更激发了学生对呼啦圈的兴趣。我始终把学生放在前面，我在后面观察并给予指导，及时给学生以鼓励，学生在展示的过程中不知不觉地锻炼了钻、跳的能力。在整个活动中，每个学生从自由探索到合作探索的整个过程中都趣味十足，参与的积极性很高，活动既激发了学生对呼啦圈的兴趣，又培养了学生的秩序、规则、合作意识，让学生获得的体验与经验，以"学生为主体"的理念在这里得到充分体现。

【教法】

运用了个别指导、示范、操作、感受、体验、交流讨论等多种方法。为了提高学生对呼啦圈的兴趣，教师与学生一起参与到集体游戏当中，共同体验游戏的快乐。我采用了适宜的方法组织教学；①操作法。本次活动主要是让学生动手操作探索呼啦圈的各种玩法，让学生在玩的过程中激发创新意识。②游戏法。活动引导学生与同伴共同体验合作玩呼啦圈的快乐。我与学生一起参与到玩呼啦圈的乐趣中，从探索呼啦圈的玩法到集体游戏，学生积极参与，兴趣浓厚。学生间合作学习及师幼合作的方式体现了"以学生发展为本"的理念。③交流讨论。在学生每次以不同的形式探索出新的玩法后，我会和学生一起交流呼啦圈的玩法，对学生想出的玩法给予肯定和鼓励，使学生喜欢参加体育活动，不知不觉对呼啦圈产生兴趣，达到艺术性与愉悦性和谐统一。

【拓展延伸】

在今后的体育活动里，我会继续开发呼啦圈的系列活动，如用呼啦圈拼搭各种图形，借助其他材料再次探索呼啦圈的玩法等，增加挑战性，不断提升学生的运动能力，培养学生专注、坚持、不怕困难的思想品质，为幼小衔接奠定基础。

【活动反思】

整个活动从个人、小组到集体合作玩圈，使学生在玩的过程中不仅学习了新的玩法，而且掌握和巩固了钻、跳的基本动作。本次活动有效达成了各项目标，充分调动了学生的积极性，让学生在宽松的氛围中自由探索。学生也创造出了许多有趣的玩法，发挥了学生作为活动主体的作用。在共同合作的过程中，多数学生能自主地和其他小伙伴去交流，不仅锻炼了语言表达能力，也发挥了学生的发散性思维，更重要的是呈现出了共同合作的成果。整个活动我重视活动的过程，将学习的内容全部融入快乐的游戏，并不是单向地知识传授，而是师幼间积极互动，不仅有信息的交流，也有情感、态度的交流，更多获得的是实践和体验中的感受。在活动中获得什么样的技能不是最重要的，重要的是怎样获取技能以及让学生在有效目标的引领下、在亲身经历的探究中去运动与体验。

第三节 培智特殊游戏案例

下面为提高培智学生自理能力游戏案例。

1. 串瓶盖

材料：各种颜色、大小不同的瓶盖（中间穿个孔）、钓鱼绳。

方法：将钓鱼绳的一头打结，再自由选择瓶盖从钓鱼绳的另一头穿过，最后将钓鱼绳的头尾打结，将这些材料按大小或颜色不同的瓶盖排序。

目的：培养学生数的概念，锻炼学生的排序、归类能力，发展学生的精细动作。

2. 水果宝宝排排队

材料：用轻泡材料剪成各种不同水果宝宝或各种树叶（在上面穿两个孔）、钓鱼绳。

方法：将钓鱼绳的一头打结，另一头穿过水果宝宝或树叶宝宝的两个孔，整条钓鱼绳穿完后，放在桌上或贴在墙上排排队；按水果或树叶的不同形状、颜色或大小有规律地串；把不同水果或树叶分别贴在相应的树上，练习按物体不同特征分类；根据树上的物体数量挂上相同数量的水果或树叶，练习按数挂物。

目的：培养学生的逻辑思维能力。

3. 彩链

材料：各色布条（长8厘米、宽1.5厘米）且布条的一头缝有纽扣、一头有扣眼。

方法：将一条彩条的两端对扣后，另拿一条从中穿过，再将扣子扣住，以此类推；把不同颜色的布条有规律地扣在一起，做成彩链布置活动或送给小动物；将布条扣成一长条，用来跳绳。

目的：在游戏中培养学生的动手操作能力。

4. 扣纽扣

材料：娃娃的衣服（对襟）上缝有纽扣及扣眼。

方法：将衣服平放在桌上后，将纽扣与扣眼对齐扣上；将衣服放在桌上练习叠衣服；将衣服套在娃娃身上，为娃娃穿衣服。

目的：培养学生的耐心。

5. 水果树

材料：布制成的水果树（上缝有纽扣），各种布制水果（上缝有纽扣）。

方法：将各种水果上面的扣眼分别系在树上，练习扣纽扣技能；将相同水果扣在同一棵树上，或按水果的颜色不同来系；在每个水果上贴一张动物或人物卡片，学生在树上扣上一个水果，并讲述图的内容；根据树上物体的数量系上相同数量的水果，学习按数系物。

目的：培养学生的观察能力和动手能力。

参考文献

［1］陈建军.基于未来:新时期培智学校劳动教育的实践探究［J］.绥化学院学报，2022，42（7）:1-4.

［2］樊晓梅.探究培智学生社会适应能力培养研究的作用［J］.新课程，2022（23）:236-237.

［3］许珂.美国适应体育个别化教育计划实施及其启示［D］.乌鲁木齐:新疆师范大学，2022.

［4］柴梦晴.中轻度智力障碍儿童心理健康教育校本课程开发与实践研究［D］.昆明:云南师范大学，2022.

［5］靳聪聪.培智学校劳动教育研究［D］.沈阳:沈阳师范大学，2022.

［6］代加香.培智学校生活语文课堂中教师回应行为的个案研究［D］.淮北:淮北师范大学，2022.

［7］褚珂.培智学校安全教育实施现状个案研究［D］.大连:辽宁师范大学，2022.

［8］昂扬.体育对智力障碍学生感知训练有效途径研究［J］.文体用品与科技，2022（6）:89-91.

［9］王俪儒.特殊教育学校体育教学策略研究——以桂林市培智学校为例［J］.冰雪体育创新研究，2022（2）:137-139.

［10］征文维，王志强.培智学校足球课程教学探究［J］.教育观察，2021，10（43）:33-36+75.

［11］聂清萍.智力障碍学生的体育需求及教学策略［J］.甘肃教育,2021
　　（20）:60–61+64.

［12］曾兰,叶远萍.竹竿舞进培智学校的辐射作用分析［J］.教育界,
　　2021（35）:89–90.

［13］彭慧.培智学校开展劳动教育的实践途径及反思［J］.基础教育论
　　坛,2021（23）:111–112.

［14］张铭.培智学生体育德育的必要性与实践［J］.吉林教育,2021
　　（Z4）:31–32.

［15］徐雯雯.培智学校体育活动突发意外伤害的预防与处理［J］.青少年
　　体育,2021（6）:65–67.